W0328954

Actio Vokabelheft

zu Schülerband 1 und 2

Martin Holtermann
Irmgard Meyer-Eppler
Maria Schlüter

Ernst Klett Verlag
Stuttgart · Leipzig

	ubi?	wo?	
	esse	sein	
3	**clāmāre**	schreien	
	nōn	nicht	
	respondēre	antworten	
6	**iterum** *Adv.*	wieder, noch einmal	**D** iterativ: wiederholend
	vocāre	rufen; nennen	clāmāre: schreien
	sed	aber; sondern	sed *ist ein Bindewort (Konjunktion):* Caecilia vocat, **sed** Quīntus nōn respondet. – Caecilia ruft, **aber** Quintus antwortet nicht.
9	**frāter, frātr-em** *m.*	Bruder	
	invenīre	finden; erfinden	
	tum *Adv.*	da, dann, damals	
12	**māter, mātr-em** *f.*	Mutter	
	venīre	kommen	**in**venīre: finden invenīre *hat ein Akkusativobjekt:* **Frātrem** invenit. – Sie findet **den Bruder.** *aber:* Venit. – Sie kommt.
	fīlia	Tochter	
15	**interrogāre**	fragen	respondēre: antworten **D** **Interrogativ**pronomen: **Frage**pronomen
	cūr?	warum?	
	audīre	hören	**D/E** Audiobook: Hörbuch
18	**fortāsse** *Adv.*	vielleicht	

	lūdere	spielen	
	hortus	Garten	
21	**intrāre**	betreten, eintreten	Māter hortum intrat. – Die Mutter betritt den Garten.
	hīc *Adv.*	hier	**Ubi** est Quīntus? **Hīc** est! – **Wo** ist Quintus? Er ist **hier!**
	fīlius	Sohn	fīlia: Tochter
24	**quid?**	was?	
	agere	tun, treiben, handeln	
	sedēre	sitzen	
27	**et**	und; auch	„Et tū, Brūte?“ – Auch du, Brutus? *(Julius Caesar bei seiner Ermordung)*
	tacēre	schweigen	clāmāre: rufen, schreien
	nihil	nichts	Nōn audit. – Er hört nicht. Nihil audit. – Er hört nichts.
30	**nunc** *Adv.*	nun, jetzt	
	vidēre	sehen	D Videoladen
	statua	Statue	
33	**statim** *Adv.*	sofort	
	reprehendere	tadeln	respondēre: antworten
	licet	(es) ist erlaubt	nōn licet – es ist nicht erlaubt, man darf nicht D Lizenz: Erlaubnis
36	**iuvat**	(es) macht Spaß	**Quid** iuvat? **Lūdere** iuvat. – **Was** macht Spaß? **Spielen** macht Spaß.

	nēmō, nēmin-em	niemand	nihil: nichts Caecilia vocat, sed nēmō respondet. – Caecilia ruft, aber niemand antwortet. Quīntus nēminem audit. – Quintus hört niemanden.
	fābula	Geschichte	**D** Fabel: lehrhafte Geschichte (z. B. Tierfabel)
3	**nārrāre**	erzählen	
	hodiē *Adv.*	heute	
	pater, patr-em *m.*	Vater	frāter: **Br**uder
6	**posse**	können	
	cūnctī *Pl.*	alle	nēmō: niemand
	servus	Sklave	
9	**labōrāre**	arbeiten	**D** Labor
	dēbēre	müssen; schulden	**dēbēre** *mit Infinitiv* – **müssen:** Līberī tacēre dēbent. – Die Kinder müssen schweigen. **nōn dēbēre** *mit Infinitiv* – **nicht dürfen:** Rīdēre nōn dēbent. – Sie dürfen nicht lachen.
	portāre	tragen, bringen	**D** trans**port**ieren
12	**lectus**	Bett, Liege	
	... quoque	auch ...	*Stellung beachten:* Quīntus quoque labōrat. – Auch Quintus arbeitet.
	adiuvāre *m. Akk.*	unterstützen, helfen	Quīntus servōs adiuvat. – Quintus unterstützt **die** Sklaven. *oder:* Quintus hilft **den** Sklaven. iuvat: (es) macht Spaß

15	**serva**	Sklavin	servus: Sklave
	cibus	Speise, Essen	cibōs sūmere – „Speisen zu sich nehmen" → essen
	parāre	vorbereiten	
18	**parentēs** *Pl.*	Eltern	**E** parents
	convīva *m.*	Gast	Endung **-a,** trotzdem **maskulinum!**
	exspectāre	erwarten, warten	Convīvās exspectant. – Sie erwarten Gäste. Māter exspectat. – Die Mutter wartet.
21	**quem?**	wen?	
	quis?	wer?	quid: was?
	senātor, senātōr-em *m.*	Senator	**D** Senator: Mitglied einer Regierungsbehörde (z.B. in Berlin, Hamburg, Bremen)
24	**uxor, uxōr-em** *f.*	Frau, Ehefrau	
	sūmere, *3. Pl.:* **sūmunt**	nehmen, zu sich nehmen	
	sermō, sermōn-em *m.*	Gespräch	sermōnēs habēre – Gespräche führen
27	**cupere,** *3. Pl.:* **cupiunt**	wünschen	Lūdere cupit. – „Er wünscht zu spielen." → Er möchte spielen.
	habēre	haben, halten	
	rīdēre	lachen	**E** ridiculous: lächerlich
30	**subitō** *Adv.*	plötzlich	
	clāmor, clāmōr-em *m.*	Geschrei	
	līberī *Pl.*	die Kinder	
33	**currere,** *3. Pl.:* **currunt**	laufen, rennen	
	rapere, *3. Pl.:* **rapiunt**	rauben, reißen	**D** Ein Ovi**raptor** war ein Saurier, der Eier **raubte.**
	fugere, *3. Pl.:* **fugiunt**	fliehen, flüchten	Faustus fugit. – Faustus flieht. Faustus Crīspīnam fugit. – Faustus flieht **vor** Crispina.

Wiederhole für Lektion 3:
audīre: hören – **reprehendere:** tadeln – **tacēre:** schweigen – **sed:** aber; sondern – **tum** *Adv.:* da, dann, damals

	soror, sorōr-em *f.*	Schwester	frāter: Bruder
	iam *Adv.*	schon; jetzt; bald	
3	**ad** *m. Akk.*	zu, nach; bei	**Ad** frātrem currit. – Sie läuft **zum** Bruder. Caecilia ad statuam sedet. – Caecilia sitzt **bei** der Statue.
	properāre	eilen; sich beeilen	Sextus ad Caeciliam properat. – Sextus eilt zu Caecilia. Līberī venīre properant. – Die Kinder beeilen sich zu kommen.
	tandem *Adv.*	endlich, schließlich	
6	**monēre**	erinnern, ermahnen, warnen	Caecilia Sextum monet: „Hodiē parentēs convīvās exspectant.“ – Caecilia erinnert Sextus: „Die Eltern erwarten heute Gäste.“ Māter Quīntum monet: „Lūdere in hortō nōn dēbēs.“ – Die Mutter ermahnt Quintus: „Du darfst im Garten nicht spielen.“
	adesse	da sein; helfen	ad- (dabei-) + esse (sein) Für jemanden **da sein** bedeutet, ihm zu **helfen.**
	in *m. Akk.*	in … (hinein)	Līberī **in** schola**m** properant. – Die Kinder eilen **in die** Schule.
9	**dīcere, dīcō**	sagen, sprechen	tacēre: schweigen
	salvē/salvēte	sei/seid gegrüßt; guten Tag!	Salvē, māter! – **Sei** gegrüßt, Mutter! Salvē**te**, līberī! – **Seid** gegrüßt, Kinder!
	tabula	Tafel, Schreibtafel, Gemälde	E table
12	**puer, puerum** *m.*	Junge	
	mōnstrāre	zeigen	
	autem	aber; jedoch	autem *ist ein Bindewort (Konjunktion):* Atticus exspectat, līberī **autem** nōn veniunt. – Atticus wartet, **aber** die Kinder kommen nicht. sed: aber; sondern

Sachfeld „Familienbeziehungen“
māter: Mutter – **pater:** Vater – **fīlia:** Tochter – **fīlius:** Sohn – **soror:** Schwester – **frāter:** Bruder

Personalpronomen (1. und 2. Person)

Nom. Sg.	ego: ich	tū: du
Akk. Sg.	mē: mich	tē: dich

Personalpronomen (3. Person)

Nom. Sg.	–	
Akk. Sg.	*m.* eum: ihn	*f.* eam: sie

15	**semper** *Adv.*	immer	
	schola	Schule	
	incipere, incipiō	anfangen	
18	**discipulus**	Schüler	
	salūtāre	grüßen, begrüßen	
	magister, magistrum *m.*	Lehrer	
21	**cōnsīdere, cōnsīdō**	sich hinsetzen	sedēre: sitzen
	irrīdēre	auslachen, verspotten	rīdēre: lachen
	legere, legō	lesen	
24	**liber, librum** *m.*	Buch	līberī: die Kinder *aber:* librī *(Nom. Pl.):* die Bücher
	dormīre	schlafen	E dormitory: Schlafsaal
	cēterī	die übrigen	cūnctī, -ae: alle
27	**laudāre**	loben	reprehendere: tadeln
	bene *Adv.*	gut	
	posteā *Adv.*	danach, später	
30	**capere, capiō**	fassen, nehmen, fangen	sūmere, sūmō: nehmen, zu sich nehmen D Kapazität: Fassungsvermögen
	scrībere, scrībō	schreiben	
	labor, labōr-em *m.*	Arbeit, Strapaze	labōrāre: arbeiten Sextus labōrem fugit. – Sextus „flieht vor der Arbeit". → Sextus drückt sich vor der Arbeit.
33	**nam**	denn, nämlich	nam ego ... – denn ich … *oder* ich nämlich …
	timēre	fürchten, Angst haben vor	
	etiam	auch; sogar	quoque: auch … Magister Spurium nōn reprehendit, **etiam** rīdet. – Der Lehrer tadelt Spurius nicht, er lacht **sogar.**

Wiederhole für Lektion 4:
lūdere, lūdō: spielen – **rapere,** rapiō: rauben, reißen – **ad** *m. Akk.:* zu, nach; bei – **subitō** *Adv.:* plötzlich

	amīca	Freundin	
	puella	Mädchen	puer: Junge
3	**laetus, laeta**	fröhlich	
	flōs, flōr-em *m.*	Blume	*Genus beachten:* flōs māg**nus** *(m.)* – die große Blume E flower
	colligere, colligō	sammeln	
6	**cōnspicere, cōnspiciō**	erblicken	
	amor, amōr-em *m.*	Liebe	
	quam	wie	**Quam** laetī sunt līberī! – **Wie** fröhlich die Kinder sind!
9	**pulcher, pulchra**	schön, hübsch	
	deus	Gott	
	taurus	Stier	
12	**māgnus, māgna**	groß, mächtig, bedeutend	statua māgna – eine große Statue deus māgnus – ein mächtiger Gott senātor māgnus – ein bedeutender Senator
	accēdere, accēdō	herangehen, hingehen	Taurus ad puellās accēdit. – Der Stier geht zu den Mädchen hin.
	intellegere, intellegō	verstehen, einsehen, bemerken	D intelligent
15	**num?**	etwa?	nam: denn, nämlich
	neque	und nicht, auch nicht, aber nicht	*Konjunktion (Bindewort):* Quīntus tacet **neque** respondet. – Quintus schweigt **und** antwortet **nicht.** Quīntus nōn lūdit **neque** Sextus lūdit. – Quintus spielt nicht, und Sextus spielt **auch nicht.**
	ita *Adv.*	so	
18	**amāre**	lieben	amor: Liebe

Fragesignale

Num deus es? – Bist du **etwa** ein Gott?
Nōnne Iupiter deus est? – Ist Jupiter **etwa kein** Gott?
Timet**ne** Eurōpa taurum? – Hat Europa Angst vor dem Stier**?**

	itaque	deshalb, daher	*Konjunktion (Bindewort):* Crīspīna labōrāre dēbet, **itaque** fābulam nārrāre nōn potest. – Crispina muss arbeiten, **deshalb** kann sie keine Geschichte erzählen.
	nōnne?	etwa nicht?	
21	**pergere, pergō**	weitermachen, weitergehen	Magister legere **pergit.** – Der Lehrer liest **weiter.**
	gaudēre	sich freuen	**D** Gaudi
	tangere, tangō	berühren	**D** Tango: ein Tanz, bei dem man sich eng **berührt**
24	**-ne**	…?	
	apportāre	herbeitragen, mitbringen	ad- (dabei-, heran-) + portāre (tragen, bringen)
	ōrnāre	schmücken	**D** Ornament: Verzierung
27	**timidus, timida**	ängstlich	timēre: fürchten; Angst haben vor
	stultus, stulta	dumm	
	vīlla	Landhaus	
30	**ibi** *Adv.*	dort	
	multī, multae *Pl.*	viele	**D** **Multi**vitaminsaft: ein Saft mit **vielen** Vitaminen
	spectāre	betrachten, anschauen	exspectāre: erwarten, warten **E** spectator: Zuschauer
33	**explicāre**	erklären	
	miser, misera	arm, unglücklich	Deus puellam miseram rapit. – Der Gott raubt das arme Mädchen. **E** miserable
	quō?	wohin?	
36	**īnsula**	Insel	
	rūrsus *Adv.*	wieder, zurück	iterum *Adv.:* wieder, noch einmal
	valdē *Adv.*	sehr	

Wiederhole für Lektion 5:
cupere; cupiō: wünschen – **dīcere**, dīcō: sagen, sprechen – **invenīre**, inveniō: finden; erfinden – **labōrāre:** arbeiten – **clāmor**, clāmōris *m.:* Geschrei – **līberī**, -ōrum: Kinder

	diēs, die-m *m.*	Tag	deus: Gott
	bonus, bona, bonum	gut	bene *Adv.*: gut Mārcus bene legit. – Marcus liest gut. liber bonus – ein gutes Buch
3	**diū** *Adv.*	lange	
	rēs, re-m *f.*	Sache, Ding, Besitz	
	equus	Pferd	
6	**homō, homin-em** *m.*	Mensch	**L** Homo sapiens: wissenschaftliche Bezeichnung des heutigen Menschen
	dominus	Herr	servus: Sklave
	aqua	Wasser	**D** Aquarium
9	**quamquam** *Subj.*	obwohl	
	malus, mala, malum	schlecht	bonus, bona, bonum: gut
	quod *Subj.*	weil	
12	**quīnque**	fünf	
	aegrōtus, aegrōta, aegrōtum	krank	
	frūmentum	Getreide	
15	**condere, condō**	bergen, verwahren, gründen	frūmentum condere – Getreide einbringen oppidum (Stadt) condere – eine Stadt gründen
	corpus, *Pl.*: **corpor-a** *n.*	Körper	
	malum	Übel, Leid	substantiviertes Adjektiv malus, mala, malum: schlecht
18	**dum** *Subj.*	während; solange	
	-que	und	*Stellung beachten:* pater līberī**que** – der Vater **und** die Kinder

Subjunktionen

cum: als – **dum:** während – **quamquam:** obwohl – **quod:** weil – **sī:** wenn – **nisī:** wenn nicht

Subjunktionen leiten einen adverbialen Gliedsatz ein. Dieser gibt eine zusätzliche Information zur Handlung des Hauptsatzes.

Quod taurus pulcher est, puellae eum nōn timent. –
Weil der Stier schön ist, haben die Mädchen keine Angst vor ihm.

Personalpronomen (3. Person)

Keine Form für den Nominativ!

Akk. Sg. m.: eum: ihn	*Akk. Pl. m.*: eōs: sie
Akk. Sg. f.: eam: sie	*Akk. Pl. f.*: eās: sie
Akk. Sg. n.: id: es	*Akk. Pl. n.*: ea: sie

Achtung: Nicht immer ist das Geschlecht der Personalpronomina im Lateinischen und Deutschen gleich.

Faustus avem cōnspicit. **Eam** capere cupit. – Faustus sieht einen Vogel. Er will **ihn** fangen.
Quod flūmen altum est, līberī **id** timent. – Weil der Fluss tief ist, fürchten die Kinder **ihn.**

	trāns *m. Akk.*	über (… hin), jenseits	Trāns flūmen equitant. – Sie reiten über den Fluss. Trāns flūmen silva est. – Jenseits des Flusses ist ein Wald.
21	**flūmen,** *Pl.:* **flūmin-a** *n.*	Fluss	*Genus beachten:* flūmen parv**um** *(n.)* – ein kleiner Fluss
	silva	Wald	
	altus, alta, altum	hoch; tief	statua alta – eine hohe Statue flūmen altum – ein tiefer Fluss
24	**vestīgium**	Spur	
	facere, faciō	machen, tun	D Fakten: **Tat**sachen E facts
	arbor, arbor-em *f.*	Baum	*Genus beachten:* arbor alt**a** *(f.)* – ein hoher Baum
27	**caedere, caedō**	fällen, töten	Servī arborēs caedunt. – Die Sklaven fällen Bäume.
	cum (subitō) *Subj.*	als (plötzlich)	
	ecce	sieh/seht mal!; da!	Ecce avis! – Da, ein Vogel!
30	**īnstrūmentum**	Instrument, Werkzeug	
	avis, av-em *f.*	Vogel	*Genus beachten:* avis timid**a** *(f.)* – ein ängstlicher Vogel
	parvus, parva, parvum	klein	māgnus, māgna, māgnum: groß, mächtig, bedeutend
33	**sī** *Subj.*	wenn, falls	
	terra	Erde	D Terrarium
	cadere, cadō	fallen	caedere, caedō: fällen, töten
36	**nisī** *Subj.*	wenn nicht, außer	
	servāre	retten, bewahren	
	caelum	Himmel	terra: Erde
39	**volāre**	fliegen	

Wiederhole für Lektion 6:
cōnspicere, cōnspiciō: erblicken – **rīdēre:** lachen – **lectus:** Bett, Liege – **etiam:** auch; sogar

	celebrāre	feiern, preisen	diem lūstricum celebrāre – den Tag der Namengebung feiern deōs celebrāre – die Götter preisen **E** to celebrate
	nōmen, nōmin-is *n.*	Name	*Genus beachten:* nōmen **tuum** *(n.)* – dein Name **D** nominieren: jmdn. namentlich vorschlagen
3	**accipere, accipiō**	annehmen, bekommen, empfangen	ad- (heran-, hin-) + capere (fassen, nehmen, fangen)
	imāgō, imāgin-is *f.*	Bild	*Genus beachten:* imāgō **pulchra** *(f.)* – ein schönes Bild **D** Image
	collocāre	aufstellen, an einen Ort bringen	
6	**āra**	Altar	
	familia	Hausgemeinschaft, Familie	
	dēlectāre	erfreuen	Librī mē dēlectant. – Bücher erfreuen mich.
9	**ātrium**	Atrium, Halle	
	dūcere, dūcō	führen; glauben, halten für	Dominus convīvās in triclīnium dūcit. – Der Hausherr führt die Gäste ins Speisezimmer. Tē amīcam dūcō. – Ich halte dich für eine Freundin. dīcere, dīcō: sagen, sprechen
	amīcus	Freund	amīca: Freundin
12	**domina**	Herrin	dominus: Herr
	faciēs, faciēī *f.*	Gestalt, Gesicht	**E** face
	addūcere, addūcō	heranführen, veranlassen	ad- (heran-, hin-) + dūcere (führen)
15	**sacrificium**	Opfer	**E** to sacrifice: opfern
	vōx, vōc-is *f.*	Stimme; Wort	
	vester, vestra, vestrum	euer	vōs: ihr/euch

Possessivpronomen der 3. Person

Atticus **Quīntum** reprehendit, quod tabulam **eius** nōn videt. –
Atticus tadelt Quintus, weil er **seine** Tafel nicht sieht.

Magister **Mārcum et Lūcium** reprehendit, quod tabulās **eōrum** nōn videt. –
Der Lehrer tadelt Marcus und Lucius, weil er **ihre** Tafeln nicht sieht.

Magister **Caeciliam** reprehendit, quod tabulam **eius** nōn videt. –
Der Lehrer tadelt Caecilia, weil er **ihre** Tafel nicht sieht.

Magister **Caeciliam et Cornēliam** reprehendit, quod tabulās **eārum** nōn videt. –
Der Lehrer tadelt Caecilia und Cornelia, weil er **ihre** Tafeln nicht sieht.

18	**noster, nostra, nostrum**	unser	nōs: wir/uns
	verbum	Wort	
	meus, mea, meum	mein	mē: mich
21	**dea**	Göttin	deus: Gott
	vīta	Leben	vītam agere – sein Leben führen D **Vita**mine: **lebens**notwendige Wirkstoffe
	lūmen, lūmin-is *n.*	Licht	D illuminieren: festlich beleuchten
24	**dare**	geben	
	ubīque *Adv.*	überall	ubi: wo
	ōrāre	bitten, erbitten; feierlich reden	deōs ōrāre – die Götter bitten auxilium ōrāre – um Hilfe bitten D Oratorium: Musikwerk mit religiösem Inhalt
27	**cūstōs, cūstōd-is** *m./f.*	Wächter, Wächterin; Hüter, Hüterin	
	plēnus, plēna, plēnum *(m. Gen.)*	voll	plēnus frūmentī *(Gen.)* – voll Getreide plēnus speī *(Gen.)* – voller Hoffnung
	spēs, speī *f.*	Hoffnung	
30	**auxilium**	Hilfe	
	tuus, tua, tuum	dein	tū/tē: du/dich
	spērāre	hoffen	spēs: Hoffnung
33	**fallere, fallō**	betrügen, enttäuschen	
	salūs, salūt-is *f.*	Glück, Rettung, Wohlergehen	*Genus beachten:* salūs tua *(f.)* – dein Wohlergehen
	dōnum	Geschenk	do**min**us: Herr
36	**suus, sua, suum**	sein; ihr	
	aperīre	öffnen	
	secundus, -a, -um	der zweite, folgende; günstig	rēs secundae – glückliche Verhältnisse

Wiederhole für Lektion 7:
agere, agō: tun, treiben, handeln – **cadere**, cadō: fallen – **caedere**, caedō: fällen, töten – **intellegere**, intellegō: verstehen, einsehen, bemerken – **quamquam:** obwohl – **rūrsus** *Adv.*: wieder, zurück

canere, canō	singen, ertönen (lassen)	
gladiātor, gladiātōr-is *m.*	Gladiator	
3 **pūgna**	Kampf	
parātus, -a, -um	bereit	parāre: vorbereiten
arēna	Sand; Kampfplatz	
6 **nōndum** *Adv.*	noch nicht	nōn iam: nicht mehr
duo	zwei	D Duo: Musikstück für zwei Instrumente
per *m. Akk.*	durch	Caecilia per hortum currit. – Caecilia läuft durch den Garten. per multōs diēs – viele Tage lang
9 **hic, haec, hoc**	dieser, diese, dieses (hier); der hier, die hier, das hier	
porta	Tor, Tür	D Portal
ille, illa, illud	jener, jene, jenes (dort); der dort, die dort, das dort	
12 **petere, petō**	(auf-)suchen; angreifen; bitten, verlangen	*Grundbedeutung:* eine Richtung einschlagen *tatsächlich:* aufsuchen, angreifen *gedanklich:* bitten, verlangen Vīllam petit. – Er fährt auf sein Landgut. Retiārium petit. – Er greift den Netzkämpfer an. Vītam suam petit. – Er bittet um sein Leben.
contendere, contendō	sich anstrengen; eilen; behaupten	In vīllam contendit. – Er eilt auf sein Landgut. Contendit pūgnam incipere. – Er behauptet, dass der Kampf beginnt.
scīre, sciō	wissen	Sciō tē adesse. – Ich weiß, dass du da bist. Scit bene pūgnāre. – Er weiß gut zu kämpfen.
15 **pūgnāre**	kämpfen	pūgna: Kampf
incitāre	antreiben, anfeuern, erregen	

	praeclārus, -a, -um	sehr hell; herrlich, berühmt	
18	**clārus, -a, -um**	hell; berühmt	lūmen clārum – helles Licht nōmen clārum – ein berühmter Name **E** clear
	spectātor, spectātōr-is *m.*	Zuschauer	spectāre: betrachten, anschauen
	putāre	glauben, meinen; halten für	Eam dormīre putō. – Ich glaube, sie schläft. Tē bonum discipulum putō. – Ich halte dich für einen guten Schüler.
21	**vincere, vincō**	siegen, besiegen	
	imperātor, imperātōr-is *m.*	Herrscher, Feldherr, Kaiser	
	optimus, -a, -um	der beste, sehr gut	**D** Optimist: ein Mensch, der immer das Beste erwartet
24	**surgere, surgō**	aufstehen, sich erheben	cōnsīdere, cōnsīdō: sich hinsetzen
	superāre	überragen, besiegen, übertreffen	
	iacēre	liegen	
27	**turba**	Lärm, Gewimmel, Menschenmenge	**D** Es geht **turbulent** zu, wenn alles **durcheinander-geht**.
	crēscere, crēscō	wachsen	
	iūdicāre	urteilen, entscheiden, beurteilen	
30	**mittere, mittō**	schicken; loslassen; werfen	Servōs mitte! – Schick die Sklaven! Mitte mē! – Lass mich los! Pilam mitte! – Wirf den Ball!
	vīvere, vīvō	leben	vīta: Leben
	sinere, sinō	lassen, zulassen	
33	**victor, victōr-is** *m.*	Sieger	vincere: siegen, besiegen
	cōnsilium	Beratung, Plan, Entschluss	cōnsilium habēre – beratschlagen cōnsilium capere – einen Entschluss fassen
	āmittere, āmittō	verlieren, aufgeben	vītam āmittere – sein Leben verlieren spem āmittere – die Hoffnung aufgeben mittere, mittō: schicken; loslassen; werfen

Wiederhole für Lektion 8:
adiuvāre: unterstützen, helfen – **cōnsīdere,** cōnsīdō: sich hinsetzen – **dare:** geben – **fallere,** fallō: betrügen, enttäuschen – **monēre:** erinnern, ermahnen, warnen – **auxilium:** Hilfe – **meus,** -a, -um: mein – **tuus,** -a, -um: dein – **suus,** -a, -um: sein; ihr – **noster,** nostra, nostrum: unser

	iānua	Tür	
	patrōnus	Patron; Anwalt	
3	**prīmum** *Adv.*	zuerst; erstens	
	iubēre	auffordern, befehlen	*oft mit Aci:* Servum venīre iubet. – Sie befiehlt dem Sklaven zu kommen.
	prīmus, -a, -um	der erste	prīmum *Adv.*: zuerst **D/E** Primetime
6	**numquam** *Adv.*	niemals	semper *Adv.*: immer
	fidēs, fideī *f.*	Treue, Vertrauen; Schutz	
	recipere, recipiō	annehmen, zurücknehmen	sē recipere – sich zurückziehen capere, capiō: fassen, nehmen, fangen
9	**grātia**	Ansehen, Beliebtheit; Dank	grātiās agere – danken
	salvus, -a, -um	gesund, wohlbehalten	salvē!/salvēte! – „Bleib/Bleibt gesund!" → Sei/seid gegrüßt!
	appropinquāre	sich nähern	
12	**mandāre**	übergeben; auftragen	dare, dō: geben **D** Mandat: eine Aufgabe, die jemandem (z. B. einem Anwalt) **anvertraut** wird
	pecūnia	Geld	
	dēesse, dēsum	fehlen; im Stich lassen	esse: sein adesse: da sein, helfen Pecūnia mihi dēest. – Mir fehlt Geld. Mārcus mihi **dē**est. – Marcus unterstützt mich nicht. *aber:* Marcus mihi **ad**est. – Marcus unterstützt mich.
15	**alere, alō**	ernähren	
	arcessere, arcessō	holen	Dominam arcessit. – Er holt die Herrin.
	quot? *(unveränderlich)*	wie viele?	quo**d**: weil quō?: wohin?

Übersetzung von Reflexivpronomina im Aci

Bezieht sich das Reflexivpronomen eines Aci auf das übergeordnete Subjekt, muss es mit einem Personalpronomen übersetzt werden:

- **Iūlius** hodiē **sē** venīre nōn posse scrībit. –
  Julius schreibt, dass **er** heute nicht kommen kann.
- **Clientēs sē** patrōnō grātiam dēbēre sciunt. –
  Die Klienten wissen, dass **sie** dem Patron Dank schulden.
- **Caecilius** Porcium **sibi** dōnum dare gaudet. –
  Caecilius freut sich, dass Porcius **ihm** ein Geschenk überreicht.
- **Clientēs** patrōnum **sibi** semper adesse gaudent. –
  Die Klienten sind froh darüber, dass der Patron **ihnen** immer hilft.

Das Reflexivpronomen kann sich aber auch auf das Subjekt des Aci beziehen:
Caecilius **Gāium sibi** cōnsulere cupit. – Caecilius möchte, dass **Gaius** für **sich** selbst sorgt.

18	**trēs, trēs, tria**	drei	**D** Trio: Musikstück für drei Instrumente **E** three
	ergō *Adv.*	also	ergō *ist eine Konjunktion (Satzverbinder):* Crīspīna serva est, **ergō** labōrāre dēbet. – Crispina ist eine Sklavin, **also** muss sie arbeiten.
	ūnus, -a, -um	einer; ein einziger	**D** **Uni**kat: Gegenstand, den es nur **einmal** gibt
21	**vendere, vendō**	verkaufen	
	cōnsulere, cōnsulō	um Rat fragen, beraten; beschließen; sorgen für	Patrōnum cōnsulit. – Er fragt den Patron um Rat. Senātōrēs cōnsulunt. – Die Senatoren beraten. Patrōnus clientibus cōnsulit. – Der Patron sorgt für die Klienten. **E** to consult: um Rat fragen **D** konsultieren: um Rat fragen
	cūra	Sorge, Pflege	
24	**tamen**	trotzdem	tandem: endlich, schließlich
	littera	Buchstabe	itterae *(Pl.)* – Brief; Wissenschaften; Schriften **E** letter: Buchstabe; Brief **D** Literatur
	trādere, trādō	übergeben, überliefern	dare, dō: geben mandāre: übergeben, anvertrauen **D** Tradition: Überlieferung
27	**valēre**	gesund sein, stark sein; gelten	
	īnsula	*Insel*; Mietshaus	
	auctor, auctōr-is *m.*	Anführer; Verfasser	**D** Autor: Verfasser eines Textes
30	**incendium**	Brand, Feuer	
	cōnfīdere, cōnfīdō	vertrauen	fidēs, fideī *f.*: Treue, Vertrauen; Schutz
	favēre *m. Dat.*	unterstützen, begünstigen	Favē **mihi** *(Dat.)!* – Unterstütze **mich** *(Akk.)!* **D** Favorit: Wettkampfteilnehmer, der von vielen **unterstützt** wird
33	**causa**	Grund; Angelegenheit; Prozess	causam agere – einen Prozess führen **D** Ein **Kausal**satz (adverbialer Gliedsatz) gibt den **Grund** für die Handlung des Hauptsatzes an.
	honor, honōr-is *m.*	Ehre; Ehrenamt	
	dēfendere, dēfendō	abwehren, verteidigen	malum dēfendere – ein Übel abwehren amīcōs dēfendere – die Freunde verteidigen **D** Defensivspieler: Abwehrspieler
36	**respōnsum**	Antwort	respondēre: antworten
	citō *Adv.*	schnell	

Wiederhole für Lektion 9:
dēlectāre: erfreuen – **iuvat:** (es) macht Spaß – **putāre:** glauben, meinen; halten für – **sinere,** sinō: lassen, zulassen – **pulcher,** pulchra, pulchrum: schön, hübsch – **vōx,** vōcis *f.*: Stimme; Wort – **dum:** während – **quam:** wie! – **tandem** *Adv.*: endlich, schließlich – **ubīque** *Adv.*: überall

Sachfeld „Familie – Haus“

Ordne die Zahlen in der Zeichnung den passenden lateinischen Begriffen zu (□ Verben, ○ Substantive).

_____ aperīre – _____ condere – _____ dormīre – _____ iacēre – _____ intrāre – _____ lūdere – _____ sedēre – _____ surgere

_____ āra – _____ ātrium – _____ dominus – _____ fīlia – _____ fīlius – _____ frāter – _____ hortus – _____ iānua – _____ imāgō – _____ lectus – _____ līberī – _____ māter – _____ parentēs – _____ pater – _____ serva – _____ servus – _____ soror – _____ statua – _____ uxor

Sachfeld „Schule“

Ordne die Zahlen in der Zeichnung den passenden lateinischen Begriffen zu.

______ discipulus – ______ liber – ______ littera – ______ magister – ______ tabula – ______ verbum

In Lysanders Unterricht ist manches anders als bei dir in der Schule.
Was machten die Schüler, was machte der Lehrer?
Ordne die Tätigkeiten richtig zu und schreibe jeweils ein **S,** ein **L** oder ein **SL** davor.

______ ad scholam properāre	______ explicāre	______ fābulās audīre
______ fābulam nārrāre	______ intellegere	______ interrogāre
______ laudāre	______ legere	______ monēre
______ reprehendere	______ respondēre	______ scīre
______ scrībere	______ tacēre	

varius, -a, -um	verschieden, vielfältig; bunt	**D** Variation: Abwechslung, Abwandlung
modus	Art und Weise; Maß	quōmodo – wie?, auf welche Art und Weise? nūllō modō – auf keinen Fall sine modō – maßlos
3 **exercēre**	bewegen, üben	**E** exercise: Übung **D** exerzieren: marschieren üben
alius, alia, aliud *Gen.* **alterīus,** *Dat.* **aliī**	ein anderer	*vgl.* cēterī: die übrigen = **alle** anderen aliī ... aliī ... – die einen … die anderen … Alius aliud dīcit. – Der eine sagt dies, der andere das. → Jeder sagt etwas anderes.
certāre	wetteifern, kämpfen	
6 **nōnnūllī, -ae, -a**	einige, manche	nōn + nūllī („nicht keine“)
pondus, ponder-is *n.*	Gewicht	**E** pound
inter *m. Akk.*	zwischen, unter; während	inter hominēs – unter Menschen inter sē – untereinander inter lūdōs – während der Spiele **D** InterCity
9 **tot** *(unveränderlich)*	so viele	quot: **wie** viele?
reperīre	finden, wiederfinden	invenīre: finden; erfinden
locus	Ort, Platz, Stelle	**D** Lokal
12 **in** *m. Abl.*	in	in + *Abl.:* in Amīcī in hortō sunt. – Die Freunde sind **im** Garten. in + *Akk.:* in … hinein Amīcī in hortu**m** currunt. – Die Freunde laufen in **den** Garten.
cum *m. Abl.*	mit	*Wortstellung beachten:* māgnā **cum** cūrā – **mit** großer Sorge Die **Subjunktion** cum (als) steht am Anfang des Gliedsatzes; die **Präposition** cum (mit) hat immer einen Ablativ bei sich.
dēpōnere, dēpōnō	niederlegen, ablegen, in Verwahrung geben	**D** Deponie: Müll**ablade**platz

Personalpronomen (1. und 2. Person)

Nom. Sg.	ego:	ich	tū:	du
Dat. Sg.	mihi:	mir	tibi:	dir
Akk. Sg.	mē:	mich	tē:	dich
Abl. Sg.	ā mē:	von mir	ā tē:	von dir
	mēcum:	mit mir	tēcum:	mit dir
Nom. Pl.	nōs:	wir	vōs:	ihr
Dat. Pl.	nōbīs:	uns	vōbīs:	euch
Akk. Pl.	nōs:	uns	vōs:	euch
Abl. Pl.	ā nōbīs:	von uns	ā vōbīs:	von euch
	nōbīscum:	mit uns	vōbīscum:	mit euch

15	**ambulāre**	spazieren gehen	
	quaerere, quaerō	suchen; fragen	
	„...“, **inquit**, „...“	er/sie/es sagt, sagte	„Veniō“, inquit, „iam adsum.“ – „Ich komme“, sagt sie, „ich bin schon da.“
18	**tōtus, -a, -um** *Gen.* **tōtīus,** *Dat.* **tōtī**	ganz, gesamt	D Bei einem **Total**schaden ist das Auto **ganz** kaputt.
	speciēs, speciēī *f.*	Anblick, Aussehen	spectāre: betrachten, anschauen
	disputāre	diskutieren, erörtern	Senātōrēs inter sē disputant. – Die Senatoren unterhalten sich.
21	**neque ... neque ...**	weder … noch …	neque: und nicht, auch nicht, aber nicht
	emere, emō	kaufen	vendere, vendō: verkaufen
	digitus	Finger	
24	**negāre**	verneinen, leugnen; verweigern	Negat sē dormīre. – Er sagt, dass er nicht schläft. Mihi auxilium negant. – Sie verweigern mir Hilfe. D Negation: Verneinung
	minimē *Adv.*	keineswegs, überhaupt nicht	
	placēre, placeō	gefallen	mihi placet – mir gefällt; ich beschließe
27	**apertus, -a, -um**	offen, offenkundig	porta aperta – ein offenes Tor Apertum est hunc gladiātōrem optimum esse. – Es ist klar, dass dieser Gladiator der beste ist.
	aedificium	Gebäude	
	Graecus, -a, -um	griechisch	
30	**nūllus, -a, -um** *Gen.* **nūllīus,** *Dat.* **nūllī**	kein	D Null
	Latīnus, -a, -um	lateinisch	
	ingenium	Geist; Charakter; Begabung	incendium: Brand, Feuer E ingenious: scharfsinnig, erfinderisch
33	**sine** *m. Abl.*	ohne	cum *m. Abl.*: mit
	profectō *Adv.*	in der Tat, sicherlich	
	gaudium	Freude	gaudēre: sich freuen
36	**dē** *m. Abl.*	von … weg, von … herab; über	dē arbore cadere – vom Baum fallen dē honōre disputāre – über die Ehre diskutieren
	ars, art-is *f.* *Gen. Pl.* **-ium**	Kunst, Geschicklichkeit	E art D Artist

Wiederhole für Lektion 10:
ōrnāre: schmücken – **parāre:** vorbereiten – **tangere,** tangō: berühren – **cēterī:** die übrigen – **secundus,** -a, -um: der zweite, folgende; günstig – **vōs:** ihr – **vester,** vestra, vestrum: euer – **ergō** *Adv.*: also – **numquam** *Adv.*: niemals

	ante *m. Akk.*	vor	ante portam – vor dem Tor
	hōra	Stunde, Zeit	prīmā hōrā – in der ersten Stunde E hour
3	**... enim**	denn, nämlich	tū enim ... – denn du … *oder* du nämlich … nam: denn, nämlich
	et ... et ...	sowohl … als auch …	et tū et ego – sowohl du als auch ich
	novus, -a, -um	neu	
6	**merx, merc-is** *f.* *Gen. Pl.* **-ium**	Ware	
	tempus, tempor-is *n.*	Zeit	*Genus beachten:* tempus bon**um** *(n.)* – eine gute Zeit (in) tempore – rechtzeitig
	ē, ex *m. Abl.*	aus; seit	ē scholā – aus der Schule ex illō tempore – seit dieser Zeit
9	**importāre**	importieren	
	quattuor *(unveränderlich)*	vier	
	manēre	bleiben, warten; erwarten	monēre: erinnern, ermahnen, warnen
12	**opus, oper-is** *n.*	Arbeit, Werk	*Genus beachten:* opus māgn**um** *(n.)* – ein großes Werk
	reliquus, -a, -um	übrig	
	cūstōdīre	bewachen	cūstōs, cūstōdis *m./f.*: Wächter/-in; Hüter/-in
15	**via**	Straße, Weg	
	removēre	entfernen, wegschaffen	E to remove
	trahere, trahō	ziehen, schleppen	
18	**mora**	Verzögerung, Aufenthalt	sine morā – unverzüglich
	ā, ab *m. Abl.*	von, von … her	Veniō ā vīllā rūsticā. – Ich komme vom Landgut. Ab amīcīs vocāris. – Du wirst von den Freunden gerufen.

est + Gen. = es ist Aufgabe/Zeichen von
Beachte:
Übersetze den Genitiv mit unpersönlichem est auch im Deutschen mit einem „echten Genitiv“:
Servōrum est mercēs in tabernam portāre. –
Die Aufgabe **der Sklaven** ist es, die Waren in den Laden zu tragen.

Negationen (Verneinungen)
negāre: verneinen, leugnen; verweigern – **nēmō,** nēminis: niemand – **nihil:** nichts – **nūllus,** -a, -um: kein – **minimē:** keineswegs, überhaupt nicht – **neque:** und nicht, auch nicht, aber nicht – **neque ... neque ...:** weder … noch … – **nisī:** wenn nicht, außer – **nōn:** nicht – **nōndum** *Adv.:* noch nicht – **nōn iam** *Adv.:* nicht mehr – **nōnne:** etwa nicht? – **nūllō modō:** auf keinen Fall – **numquam** *Adv.:* niemals

	dīligentia	Sorgfalt	cūra: Sorge, Pflege
21	**probāre**	prüfen; für gut befinden; beweisen	
	saepe *Adv.*	oft	semper *Adv.*: immer
	frangere, frangō	zerbrechen	Quīntus statuam frangit. – Quintus zerbricht die Statue. Statua in viā frangitur. – Die Statue zerbricht auf dem Weg.
24	**minuere, minuō**	vermindern, verringern	
	pūnīre	bestrafen	**E** to punish
	appārēre	erscheinen, sich zeigen	aperīre: öffnen **E** to appear
27	**nauta** *m.*	Seemann	*Genus beachten:* nauta bonus *(m.)* – ein guter Seemann
	nāvis, nāv-is *f.* *Gen. Pl.* **-ium**	Schiff	
	crēdere, crēdō	glauben; anvertrauen	Lūcius Syrō crēdit. – Lucius glaubt Syrus. Syrō pecūniam crēdit. – Er vertraut Syrus Geld an.
30	**dēcipere, dēcipiō**	betrügen	fallere, fallō: betrügen, enttäuschen
	relinquere, relinquō	zurücklassen, verlassen	reliquus, -a, -um: übrig
	cōnsistere, cōnsistō	stehen bleiben, anhalten; sich aufstellen	cōnsīdere, cōnsīdō: sich hinsetzen
33	**stāre**	stehen	
	pārēre	gehorchen	parāre: vorbereiten
	rēctē *Adv.*	richtig; geradeaus; zu Recht	Rēctē dīcis. – Du hast Recht.
36	**nōmināre**	nennen	Claudia nōminor. – Ich werde Claudia genannt. → Ich heiße Claudia. nōmen: Name
	hinc *Adv.*	von hier	*Nicht mit den Formen von* hic/haec/hoc: dieser/diese/dieses *verwechseln!*
	cessāre	zögern; untätig sein	
39	**celeritas, celeritāt-is** *f.*	Schnelligkeit	

Wiederhole für Lektion 11:
contendere, contendō: sich anstrengen; eilen; behaupten – **explicāre:** erklären – **trādere,** trādō: übergeben, überliefern – **licet:** es ist erlaubt – **equus:** Pferd – **modus:** Art und Weise; Maß – **speciēs,** speciēī *f.*: Anblick, Aussehen – **turba:** Lärm, Gewimmel, Menschenmenge – **laetus,** -a, -um: fröhlich – **praeclārus,** -a, -um: sehr hell; herrlich, berühmt

	arcus, -ūs *m.*	Bogen	**E** arch
	māiōrēs, -rum *m.* *(nur Pl.)*	die Vorfahren	
3	**summus, -a, -um**	der höchste, oberste, letzte	summō in Capitōliō – oben auf dem Kapitol
	vir, virī *m.*	Mann	
	triumphus	Triumph, Triumphzug	triumphum agere – einen Triumph feiern per triumphum – im Triumphzug
6	**memoria**	Erinnerung, Gedächtnis	**E** memory
	dux, duc-is *m.*	Anführer	dūcere, dūcō: führen; glauben, halten für **E** duke: Herzog
	post *m. Akk.*	nach, hinter	post arborem – hinter dem Baum posteā *Adv.*: danach, später
9	**victōria**	Sieg	vincere, vincō: siegen, besiegen **E** victory
	agmen, agmin-is *n.*	Zug, Heereszug	
	urbs, urb-is *f.* *Gen. Pl.* **-ium**	Stadt	tōtā in urbe – in der ganzen Stadt
12	**exercitus, -ūs** *m.*	Heer	exercēre: bewegen, üben
	cornū, -ūs *n.*	Horn; Heeresflügel	
	deinde *Adv.*	dann, darauf	tum *Adv.*: da, dann, damals
15	**aliēnus, -a, -um**	fremd	librī aliēnī – Bücher von anderen **E** alien
	mīles, mīlit-is *m.*	Soldat	
	Rōmānus, -a, -um	römisch; *als Subst.:* Römer	*als Adjektiv:* mīlitēs Rōmānī – römische Soldaten *als Substantiv:* māiōrēs Rōmānōrum – die Vorfahren der Römer
18	**praeda**	Beute	
	manus, -ūs *f.*	Hand; Schar	**D** **Manu**skript: ein **mit der Hand** geschriebener Text
	tenēre	haben, festhalten	habēre: haben, halten
21	**arma, -ōrum** *n.* *(nur Pl.)*	Waffen	**D** Armee **E** army

	praebēre	geben, hinhalten, zeigen	speciem pulchram praebēre – einen schönen Anblick bieten sē timidum praebēre – sich ängstlich zeigen dare, dō: geben
	vultus, -ūs *m.*	Gesicht, Gesichtsausdruck	
24	**sors, sort-is** *f.* *Gen. Pl.* **-ium**	Los, Orakel, Schicksal	*Genus beachten:* sors mea *(f.)* – mein Schicksal
	magistrātus, -ūs *m.*	Amt; Beamter	magister, magistrī *m.:* Lehrer
	comes, comit-is *m./f.*	Begleiter, Begleiterin	
27	**medius, -a, -um**	der mittlere, mitten	mediā in viā – mitten auf der Straße D Medien: Ver**mittler** von Informationen
	superbus, -a, -um	stolz, hochmütig	superāre: überragen, besiegen, übertreffen
	populus	Volk	E people
30	**corōna**	Kranz	
	maximus, -a, -um	der größte, bedeutendste; sehr groß, bedeutend	D Maximum: **größter** Wert
	forum	Markt, Marktplatz	
33	**hostis, host-is** *m.* *Gen. Pl.* **-ium**	Feind	
	necāre	töten	negāre: verneinen, leugnen; verweigern
	sīgnum	Zeichen; Feldzeichen	D Signal E sign
36	**templum**	Tempel, heiliger Ort	
	nox, noct-is *f.* *Gen. Pl.* **-ium**	Nacht	prīmā nocte – zu Beginn der Nacht mediā nocte – mitten in der Nacht
	accidere, accidō	sich ereignen, geschehen	ad- (hinzu-, herbei-) + cadere (fallen) accēdere, accēdō: herangehen, hingehen accipere, accipiō: annehmen, bekommen, empfangen

Wiederhole für Lektion 12:
arcessere, arcessō: holen – **favēre** *m. Dat.:* unterstützen, begünstigen – **placēre:** gefallen – **valēre:** gesund sein, stark sein; gelten – **ars,** artis *f.:* Kunst, Geschicklichkeit – **celeritās,** celeritātis *f.:* Schnelligkeit – **quō?:** wohin? – **tamen:** trotzdem

	īre, eō	gehen	is, ea, id *im Nom. Sg. und Abl. Sg.*
	circus	Rennbahn	
3	**inīre, ineō**	hineingehen; anfangen	in- (hinein-) + īre (gehen) Circum ineunt. – Sie gehen in den Zirkus. Diēs init. – Der Tag beginnt. cōnsilium inīre – einen Entschluss fassen
	sēdēs, sēd-is *f.* *Gen. Pl.* **-ium**	Sitzplatz; Wohnsitz	sedēre: sitzen
	idōneus, -a, -um	geeignet	
6	**dīligere, dīligō**	schätzen, lieben	dīligentia: Sorgfalt
	multum	viel	multum temporis *(Gen.)* – viel Zeit Multum valet. – Er kann viel erreichen. → Er ist sehr stark. multī, -ae, -a: viele
	occāsiō, occāsiōn-is *f.*	Gelegenheit	
9	**frūstrā** *Adv.*	vergeblich, umsonst	D frustriert: Wer sich immer **vergeblich** bemüht, ist bald frustriert.
	at	aber; dagegen	sed: aber; sondern autem: aber, jedoch
	ēgregius, -a, -um	ausgezeichnet	
12	**tam** *Adv.*	so	quam: wie
	cupidus, -a, -um	begierig	pecūniae *(Gen.)* cupidus – geldgierig vincendī *(Gen.)* cupidus – begierig zu siegen cupere, cupiō: wünschen
	plūs	mehr	plūs temporis *(Gen.)* – mehr Zeit Plūs valet. – Er kann mehr erreichen. → Er ist stärker.
15	**satis** *Adv.*	genug, ausreichend	satis māgnus – groß genug satis multī – ziemlich viele
	perītus, -a, -um	erfahren	regendī *(Gen.)* perītus – erfahren im Lenken
	regere, regō	lenken; beherrschen	D regieren
18	**praeterīre, praetereō**	vorbeigehen, übergehen	praeter- (vorbei-, vorüber-) + īre (gehen) Ūnus equus cēterōs praeterit. – Ein Pferd überholt die anderen. Cēterās rēs praetereō. – Die übrigen Dinge übergehe ich → lasse ich aus. Tempus praeterit. – Die Zeit vergeht.

Fragen und Ungewissheit
quis?: wer? – **quem?**: wen? – **quid?**: was? – **cūr?**: warum? – **ubi?**: wo? – **quō?**: wohin? – **quōmodo?**: wie, auf welche Weise? – **quot?**: wie viele?
Num vōbīs pecūnia dēest? – Fehlt euch etwa Geld?
Nōnne avēs servāre cupis? – Willst du die Vögel etwa nicht retten?
Timēs**ne**? – Hast du Angst?
fortāsse *Adv.*: vielleicht

tardus, -a, -um	langsam	*als Prädikativum:* **Tardī veniunt.** – Sie kommen langsam.
prīmō *Adv.*	zuerst	prīmum *Adv.*: zuerst; erstens prīmus, -a, -um (der/die/das erste): *Überprüfe, ob es ein Bezugswort in KNG-Kongruenz gibt.*
21 **necesse est**	es ist notwendig	**E** necessity: Notwendigkeit
observāre	beobachten, beachten	**D** Observatorium (z. B. Sternwarte)
certāmen, certāmin-is *n.*	Wettkampf	certāre: wetteifern, kämpfen
24 **dēcernere, dēcernō**	entscheiden, beschließen	
cāsus, -ūs *m.*	Fall, Zufall	cāsū – durch Zufall causa: Grund; Angelegenheit; Prozess **E** case
concurrere, concurrō	zusammenlaufen, zusammenstoßen	con- (zusammen-) + currere (laufen)
27 **quantus, -a, -um**	wie groß, wie viel	Quantus clāmor! – Was für ein Lärm! **D** Quantität: „Menge"
interīre, intereō	untergehen; umkommen	inter- (dazwischen-, unter-) + īre (gehen)
perīculum	Gefahr, Risiko	māgnō **cum** perīculō – **unter** großer Gefahr
30 **calamitās, calamitāt-is** *f.*	Schaden, Unglück	
vulnus, vulner-is *n.*	Wunde	vultus, vultūs *m.*: Gesicht, Gesichtsausdruck
afficere, afficiō *m. Abl.*	„versehen mit"	ad- (dabei-, hinzu-) + facere (machen, tun) vulneribus afficere – verwunden gaudiō afficere – erfreuen
33 **adversārius, -a, -um**	gegnerisch; *als Subst.*: Gegner	hostis, hostis *m.*: Feind
abīre, abeō	weggehen	ab- (weg-, fort-) + īre (gehen) **D** Abitur: Man **geht** vom Gymnasium **ab.**
quidem *Adv.*	zwar, jedenfalls	
36 **fortūna**	Schicksal, Glück	
volvere, volvō	wälzen, rollen	Rota volvitur. – Das Rad dreht sich.

Wiederhole für Lektion 13:
appārēre: erscheinen, sich zeigen – **appropinquāre:** sich nähern – **dormīre,** dormiō: schlafen – **manēre:** bleiben, warten; erwarten – **negāre:** verneinen, leugnen; verweigern – **pārēre:** gehorchen – **praebēre:** geben, hinhalten, zeigen – **reperīre,** reperiō: finden, wieder finden – **volāre:** fliegen – **avis,** avis *f.*: Vogel – **cōnsilium:** Beratung, Plan, Entschluss – **nāvis,** nāvis *f.*: Schiff – **opus,** operis *n.*: Arbeit, Werk – **nūllus,** -a, -um: kein – **salvus,** -a, -um: gesund, wohlbehalten

	mōnstrum	Ungeheuer; (göttliches) Zeichen	mōnstrāre: zeigen
	caput, capit-is *n.*	Kopf; Hauptstadt	Rōma caput rērum est. – Rom ist die Hauptstadt der Welt. E capital: Hauptstadt
3	**rēx, rēg-is** *m.*	König	regere, regō: lenken; beherrschen
	colloquium	Gespräch, Unterredung	sermō, sermōnis *m.*: Gespräch
	cōgitāre	denken, nachdenken, beabsichtigen	Perseus multa *(Akk.)* cōgitat. – Perseus denkt über vieles nach. Cōgitō venīre. – Ich beabsichtige zu kommen.
6	*esse, sum, fuī*	*sein*	
	neglegere, neglegō	nicht beachten, vernachlässigen	intellegere, intellegō: verstehen, einsehen, bemerken dīligere, dīligō: schätzen, lieben
	māne *Adv.*	früh, frühmorgens	manus, manūs *f.*: Hand; Schar *(u-Deklination beachten)*
9	**gladius**	Schwert	gladiātor, gladiātōris *m.*: Gladiator
	arripere, arripiō, arripuī	ergreifen, packen	ad- (heran-) + rapere (rauben, reißen) capere, capiō: fassen, nehmen, fangen
	nāvigāre	segeln	in portū nāvigāre – „im Hafen segeln“ → in Sicherheit sein nāvis, nāvis *f.*: Schiff nauta *m.*: Seemann
12	**ōra**	Küste	
	inde *Adv.*	von dort; dann; daher	
	errāre	umherirren; sich irren	Errāre hūmānum est. – Irren ist menschlich.
15	**iterum iterumque**	immer wieder	*vgl.* iterum *Adv.*: wieder, noch einmal
	oculus	Auge	
	dēns, dent-is *m.* *Gen. Pl.* **-ium**	Zahn	E dentist: Zahnarzt
18	*quaerere, quaerō, quaesīvī*	*suchen, fragen*	v-Perfekt
	dolus	List, Täuschung	
	rapere, rapiō, rapuī	*rauben, reißen*	u-Perfekt
21	**dēmum** *Adv.*	schließlich	tum dēmum – dann endlich nunc dēmum – jetzt erst tandem *Adv.*: endlich, schließlich
	occultāre	verbergen	mōnstrāre: zeigen D Okkultismus: Geheimlehre

Aufzählungen
prīmum/prīmō – deinde – tum – dēmum/tandem
zuerst – dann – danach – schließlich
oder: erstens – zweitens – drittens – zuletzt

	facultās, facultāt-is *f.*	Möglichkeit, Fähigkeit	facere, faciō: machen, tun Perseus facultātem fugiendī habuit. – Perseus hatte die Möglichkeit zu fliehen. Avibus facultās volandī est. – Vögel haben die Fähigkeit zu fliegen.
24	**reddere, reddō**	zurückgeben; machen zu	dare, dō: geben Tē gladiātōrem reddō. – Ich mache dich zu einem Gladiator.
	aspicere, aspiciō	anschauen	**D** Aspekt: wichtiger Punkt, den man genauer **betrachten** muss
	mīrus, -a, -um	wunderbar, erstaunlich	mīrum in modum – auf wundersame Weise **E** miracle: Wunder
27	**saxum**	Fels, Stein	
	animus	Geist, Herz, Seele, Mut	**Animum meum** incitās. – Du treibst **mich** an. corpus, corporis *n.*: Körper
	sollicitāre	beunruhigen, erregen	incitāre: antreiben, anfeuern, erregen
30	**forma**	Aussehen, Gestalt, Schönheit	speciēs, speciēī *f.*: Anblick, Aussehen
	bestia	(wildes) Tier	
	scīre, sciō, scīvī	*wissen*	v-Perfekt
33	**habitāre**	wohnen; bewohnen	Flaccus in vīllā habitat. – Flaccus wohnt im Landhaus. Hominēs terram habitant. – Die Menschen bewohnen die Erde. habēre: haben, halten
	perterrēre	heftig erschrecken	
	lingua	Zunge; Sprache	lingua Latīna – die lateinische Sprache linguam tenēre – „die Zunge im Zaum halten" → schweigen **D** bilingual: zweisprachig
36	**ōs, ōr-is** *n.*	Mund; Gesicht	ōs flūminis – Flussmündung faciēs, faciēī *f.*: Gestalt, Gesicht ōra: Küste
	pendēre	hängen, herabhängen	pendēre ab ōre: „jemandem an den Lippen hängen" → gespannt zuhören **D** Pendel
	movēre	bewegen	Iuppiter amōre Eurōpae movētur. – Jupiter wird von Liebe zu Europa ergriffen. monēre: erinnern, ermahnen, warnen **E** to move

Wiederhole für Lektion 14:
capere, capiō: fassen, nehmen, fangen – **crēdere**, crēdō: glauben; anvertrauen – **crēscere**, crēscō: wachsen – **grātiās agere:** danken – **iubēre:** auffordern, befehlen – **necāre:** töten – **vulnus**, vulneris *n.*: Wunde – **timidus**, -a, -um: ängstlich – **hīc** *Adv.*: hier

	multitūdō, multitūdin-is *f.*	Menge	multī, -ae, -a: viele multitūdō hominum *(Gen.)*: Menschenmenge
	nūntius	Bote; Nachricht	
3	**cīvis, cīv-is** *m.* *Gen. Pl.* **-ium**	Bürger	
	prope *Adv.*	in der Nähe; beinahe	*als Adv.:* prope nēmō: beinahe niemand *als Präp.:* prope Tiberim: nahe am Tiber
	quā dē causā	weshalb	causa: Grund; Angelegenheit; Prozess
6	*venīre, veniō, vēnī*	*kommen*	Dehnungsperfekt
	regiō, regiōn-is *f.*	Gegend, Richtung	**D** Region
	dīcere, dīcō, dīxī	*sagen, sprechen*	s-Perfekt
9	*iubēre, iubeō, iūssī*	*auffordern, befehlen*	s-Perfekt
	facere, faciō, fēcī	*machen, tun*	Dehnungsperfekt
	venēnum	Gift	
12	**interficere, interficiō, interfēcī**	töten	facere, faciō, fēcī: machen, tun
	perficere, perficiō, perfēcī	vollenden; erreichen	per- (völlig) + facere (machen, tun) **E** perfect
	postquam *Subj.*	nachdem	
15	**advenīre, adveniō, advēnī**	ankommen	ad- (hin-, heran-) + venīre (kommen) In urbem advēnit. – Er kam in der Stadt an.
	relinquere, relinquō, relīquī	*zurücklassen, verlassen*	Dehnungsperfekt
	currere, currō, cucurrī	*laufen, rennen*	Reduplikationsperfekt
18	**ubi** *Subj.*	sobald, gleich nachdem	ubi?: wo? – *Satzzeichen beachten:* adverbialer Gliedsatz oder Fragesatz (?) **Ubi** convīvae advēnērunt, dominus eōs salūtāvit. – **Sobald** die Gäste ankamen, begrüßte sie der Hausherr. Māter interrogāvit: „**Ubi** sunt līberī**?**“ – Die Mutter fragte: „**Wo** sind die Kinder**?**“
	animadvertere, animadvertō, animadvertī	bemerken	Adversāriōs animadvertit. – Er bemerkte die Gegner. In adversāriōs animadvertit. – Er ging gegen die Gegner vor. intellegere, intellegō: verstehen, einsehen, bemerken

Maskuline Substantive der a-Deklination
convīva *m.*: Gast – **incola** *m.*: Einwohner – **nauta** *m.*: Seemann

	spīritus, -ūs *m.*	Hauch, Geist	**E** spirit **D** spirituell: geistig, geistlich
21	*mittere, mittō, mīsī*	*schicken, loslassen, werfen*	
	tūtus, -a, -um	sicher, geschützt	tūtus ab hostibus – geschützt vor den Feinden tōtus, -a, -um: ganz, gesamt
	frangere, frangō, frēgī	*zerbrechen*	Dehnungsperfekt
24	*crēscere, crēscō, crēvī*	*wachsen*	v-Perfekt
	vidēre, videō, vīdī	*sehen*	Dehnungsperfekt
	certē *Adv.*	sicherlich	
27	*fugere, fugiō, fūgī*	*fliehen, flüchten*	Dehnungsperfekt
	metuere, metuō, metuī	fürchten, sich fürchten	timēre: fürchten; Angst haben vor
	capere, capiō, cēpī	*fassen, nehmen, fangen*	Dehnungsperfekt
30	**incendere, incendō, incendī**	anzünden	incendium: Brand, Feuer
	fax, fac-is *f.*	Fackel	**D** Fackel
	admovēre, admoveō, admōvī	heranschaffen, in die Nähe bringen	ad- (hin-, heran-) + movēre (bewegen) removēre, removeō, remōvī: entfernen, wegschaffen
33	**singulī, -ae, -a**	einzeln; je ein	Singula capita frēgit. – Er zerschlug die Köpfe einzeln. ūnus, -a, -um: einer; ein einziger **D** Singular
	incola *m.*	Einwohner	
	impōnere, impōnō, imposuī	darauflegen; auferlegen	Saxum eī *(Dat.)* imposuit. – Er legte einen Stein darauf. Mihi multōs labōrēs impōnis. – Du bürdest mir viele Arbeiten auf.
36	**sanguis, sanguin-is** *m.*	Blut	
	pars, part-is *f.* *Gen. Pl.* **-ium**	Teil; Seite; Richtung	māgna pars nostrum – ein großer Teil von uns in aliam partem currere – in eine andere Richtung laufen **D** partiell: teilweise
	dīvidere, dīvidō, dīvīsī	teilen, trennen	**D** dividieren
39	**līberāre**	befreien	

Wiederhole für Lektion 15:
aperīre: öffnen – **sē recipere:** sich zurückziehen – **ōrāre:** bitten, erbitten; feierlich reden – **arcus, -ūs** *m.:* Bogen – **mora:** Verzögerung, Aufenthalt – **vestīgium:** Spur – **plēnus, -a, -um** *m. Gen.:* voll – **deinde** *Adv.:* dann, darauf – **enim:** denn, nämlich – **inde** *Adv.:* von dort; dann; daher – **tam** *Adv.:* so

sub *m. Abl.*	unter; unten an	sub monte – am Fuße des Berges **E** submarine: U-Boot
mōns, mont-is *m.* *Gen. Pl.* **-ium**	Berg	
3 **ōlim** *Adv.*	einst	
saevus, -a, -um	wild, wütend; schrecklich	
ager, agrī *m.*	Acker, Feld; Gebiet	ager Rōmānus – das Stadtgebiet von Rom **D** **Agrar**produkte: **landwirtschaftliche** Produkte
6 **futūrus, -a, -um**	zukünftig	**E** future
ōrāculum	Orakel, Orakelspruch	ōrāre: bitten, erbitten; feierlich reden sors, sortis *f.*: Los, Orakel, Schicksal
imminēre	drohen, bevorstehen	Perīcula mihi imminent. – Mir drohen Gefahren.
9 **mors, mort-is** *f.* *Gen. Pl.* **-ium**	Tod	*Genus beachten:* mors saeva *(f.)* – der schreckliche Tod **E** mortal: sterblich
vērō	aber	neque vērō: aber nicht sed: aber; sondern autem: aber; jedoch at: aber; dagegen
reperīre, reperiō, repperī	*finden, wieder finden*	Reduplikationsperfekt
12 *recipere, recipiō, recēpī*	*annehmen, zurücknehmen*	Dehnungsperfekt
intellegere, intellegō, intellēxī	*verstehen, einsehen, bemerken*	s-Perfekt
parere, pariō, peperī	hervorbringen; erwerben	Iūlia fīliam parit. – Julia bringt eine Tochter zur Welt. Terra flōrēs parit. – Die Erde bringt Blumen hervor. sibi grātiam parere – sich Ansehen erwerben pārēre: gehorchen *(e-Konjugation)*
15 **rōbur, rōbor-is** *n.*	Kraft, Stärke	**D** robust: kräftig
cōnstituere, cōnstituō, cōnstituī	aufstellen, festsetzen, beschließen	cōnsistere, cōnsistō, cōnstitī: stehen, bleiben, anhalten; sich aufstellen
aperīre, aperiō, aperuī	*öffnen*	u-Perfekt Lātōna fīliō cōnsilia deōrum aperuit. – Latona legte ihrem Sohn die Pläne der Götter dar.
18 *dare, dō, dedī*	*geben*	Reduplikationsperfekt
sūmere, sūmō, sūmpsī	*nehmen, zu sich nehmen*	s-Perfekt
cōnspicere, cōnspiciō, cōnspēxī	*erblicken*	s-Perfekt

21	*dūcere, dūcō, dūxī*	*führen; glauben, halten für*	s-Perfekt
	tendere, tendō, tetendī	spannen, ausstrecken, sich anstrengen	contendere, contendō: sich anstrengen; eilen; behaupten
	flamma	Flamme	
24	**modo** *Adv.*	nur	nōn modo ... sed etiam – nicht nur ... sondern auch
	impetus, -ūs *m.*	Angriff, Schwung	petere, petō: (auf-)suchen; angreifen; bitten
	īra	Zorn	
27	**ruere, ruō, ruī**	eilen, stürmen, stürzen	
	firmus, -a, -um	stark, fest; zuverlässig	**D** Firmung/Konfirmation: **Festigung** des Glaubens
	prohibēre, prohibeō, prohibuī	abhalten, hindern	pro- (fern-, fort-) + habēre (haben, halten)
30	**mīlle,** *Pl.* **mīlia**	tausend	mīlle hominum *(Gen.)* – tausend Menschen duo mīlia – zweitausend **D** Millenium: Jahrtausend
	surgere, surgō, surrēxī	*aufstehen, sich erheben*	s-Perfekt
	cadere, cadō, cecidī	*fallen*	Reduplikationsperfekt
33	**anima**	Atem; Seele; Leben	animam dūcere – Atem holen, atmen animus: Geist, Herz, Seele, Mut
	ēdere, ēdō, ēdidī	hervorbringen; bekannt geben	vōcēs ēdere – Laute von sich geben ōrāculum ēdere – ein Orakel bekannt geben animam ēdere – sterben **D** Edition: Ausgabe (von Büchern, Spielen usw.)
	sōl, sōl-is *m.*	Sonne	*Genus beachten:* sol praeclar**us** *(m.)* – die strahlende Sonne **D Solar**energie
36	*sinere, sinō, sīvī*	*lassen, zulassen*	v-Perfekt
	tolerāre	ertragen	**D** Toleranz: Fähigkeit, andere Meinungen zu ertragen
	terror, terrōr-is *m.*	Schrecken	**D** Terrorist
39	*condere, condō, condidī*	*bergen, verwahren; gründen*	Reduplikationsperfekt
	aedificāre	bauen	aedificium: Gebäude
	īnstituere, īnstituō, īnstituī	beginnen, einrichten, unterrichten	cōnstituere, cōnstituō, cōnstituī: aufstellen, festsetzen, beschließen **D** Institut: Forschungs- oder Lehranstalt (z.B. an einer Universität)

Wiederhole für Lektion 16:
afficere, afficiō *m. Abl.:* „versehen mit" – **reddere,** reddō: zurückgeben, machen zu – **calamitās,** calamitātis *f.:* Schaden, Unglück – **comes,** comitis *m./f.:* Begleiter, Begleiterin – **dolus:** List, Täuschung – **fidēs,** fideī *f.:* Treue, Vertrauen; Schutz – **ingenium:** Geist; Charakter; Begabung – **urbs,** urbis *f.:* Stadt – **māne** *Adv.:* früh, frühmorgens

	velle, volō, voluī	wollen	
	socius	Gefährte; Verbündeter	**D** sozial: die menschliche Gemeinschaft betreffend
3	**mūtāre**	verändern, verwandeln; tauschen	**D** Mutation: Änderung
	animal, animāl-is *n.*	Tier; Lebewesen	anima: Atem, Seele, Leben **E** animal
	beātus, -a, -um	glücklich; reich	
6	**dēsīderāre**	vermissen; sich sehnen nach	**E** to desire
	patria	Vaterland	pater, patris: Vater
	tantum *Adv.*	nur	
9	**mare, mar-is** *n.*	Meer	terrā marīque – zu Wasser und zu Land mare nostrum – *aus römischer Sicht:* „unser Meer" → das Mittelmeer
	iactāre	werfen, schleudern	sē iactāre – sich rühmen, angeben
	redīre, redeō, rediī, reditum	zurückkehren	re(d)- (zurück-) + īre (gehen)
12	**ācer, ācris, ācre**	scharf, energisch	homō ācrī ingeniō *(Abl. qualitatis)* – ein Mensch mit scharfem Verstand → ein scharfsinniger Mensch ager, agrī: Acker, Feld, Gebiet *(Wortart beachten)*
	adhūc *Adv.*	noch, bis jetzt	
	agere, agō, ēgī, actum	*tun, treiben, handeln*	Dehnungsperfekt
15	**fēlīx** *Gen.* **fēlīc-is**	glücklich	
	annus	Jahr	A. D. = Annō Dominī – im Jahre des Herrn (nach Christus)
	trīstis, -is, -e	traurig	**D** trist
18	**facilis, -is, -e**	leicht, einfach	facere, faciō, fēcī, factum: machen, tun facultās, facultātis *f.*: Möglichkeit, Fähigkeit
	persuādēre, persuādeō, persuāsī, persuāsum	überreden; überzeugen	Tū mihi *(Dat.)* persuāsistī. – Du hast mich überzeugt. Mihi persuāsum est. – Ich bin überzeugt.
	fidēlis, -is, -e	treu, zuverlässig	fidēs, fideī *f.*: Treue, Vertrauen; Schutz
21	**hūmānus, -a, -um**	menschlich, freundlich, gebildet	**D** human: menschenfreundlich
	tantus, -a, -um	so groß; so viel	tantus clāmor – so ein großes Geschrei tanta pecūnia – so viel Geld quantus, -a, -um: wie groß, wie viel
	iniūria	Unrecht	

	iniūria	Unrecht	
24	*afficere, afficiō, affēcī, affectum*	*„versehen mit"*	Dehnungsperfekt
	dolēre	traurig sein, Schmerz empfinden, bedauern	Doleō rem. – Ich bedauere die Sache. dēlēre, dēleō, dēlēvī, dēlētum: zerstören, vernichten
	ingēns *Gen.* **ingent-is**	riesig	ingenium: Geist; Charakter; Begabung
27	**incrēdibilis, -is, -e**	unglaublich	crēdere, crēdō: glauben, anvertrauen
	hūmānitās, hūmānitāt-is *f.*	Menschlichkeit, Freundlichkeit, Bildung	hūmānus, -a, -um: menschlich, freundlich, gebildet **D** Humanität: menschliche Gesinnung gegenüber den Mitmenschen
	invītāre	einladen	**E** invitation: Einladung
30	**carēre, careō, caruī** *m. Abl.*	entbehren, nicht haben	Ingeniō *(Abl.)* caret. – Er hat kein Talent. Pecūniā *(Abl.)* careō. – Ich habe kein Geld.
	īnfēlīx *Gen.* **īnfēlīc-is**	unglücklich	fēlix: glücklich
	fortis, -is, -e	stark, tapfer	Fortēs fortūna adiuvat. – Den Tapferen hilft das Glück.
33	**prūdēns** *Gen.* **prūdent-is**	klug	
	virtus, virtūt-is *f.*	Tapferkeit, Tugend; Leistung	vir, virī *m.:* Mann
	omnis, -is, -e	jeder, ganz; alle	cūnctī, -ae, -a: alle nēmō, nēminis: niemand
36	**dēlēre, dēleō, dēlēvī, dēlētum**	zerstören, vernichten	dolēre: traurig sein, Schmerz empfinden, bedauern **E** to delete: (aus-)löschen
	vīs, vim, vī *Pl.* **vīrēs, vīrium**	Kraft, Gewalt	vīrēs hostium – die Streitkräfte der Feinde vir, virī *m.:* Mann *beachte:* virī (**o**-Dekl.): die Männer virēs (**3.** Dekl.): die Kräfte
	opus est *m. Abl.*	es ist nötig	Rōbore *(Abl.)* tibi opus est. – Du brauchst Kraft. opus, operis *n.:* Arbeit, Werk necesse est: es ist notwendig

Wiederhole für Lektion 17:
impōnere, impōnō, imposuī, impositum: darauflegen; auferlegen – **perterrēre:** heftig erschrecken – **aedificium:** Gebäude – **auxilium:** Hilfe – **hostis,** hostis *m.:* Feind – **impetus,** -ūs *m.:* Angriff, Schwung – **salūs,** salūtis *f.:* Glück, Rettung, Wohlergehen – **spēs,** speī *f.:* Hoffnung – **apertus,** -a, -um: offen, offenkundig – **nōnnūllī,** -ae, -a: einige, manche – **inter** *m. Akk.:* zwischen, unter; während – **nōndum** *Adv.:* noch nicht

Stammformen, die bis Lektion 16 eingeführt wurden

v-Perfekt

Fast alle Verben der a-Konjugation bilden ein v-Perfekt, z. B.

vocāre, vocō, vocāvī, vocātum	rufen; nennen

e-Konjugation

dēlēre, dēleō, dēlēvī, dēlētum	zerstören, vernichten

i-Konjugation

audīre, audiō, audīvī, audītum	hören
cūstōdīre, cūstōdiō, cūstōdīvī, cūstōdītum	bewachen
dormīre, dormiō, dormīvī, dormītum	schlafen
pūnīre, pūniō, pūnīvī, pūnītum	bestrafen
scīre, sciō, scīvī, scītum	wissen

gemischte Konjugation

cupere, cupiō, cupīvī, cupītum	wünschen

konsonantische Konjugation

crēscere, crēscō, crēvī, crētum	wachsen
quaerere, quaerō, quaesīvī, quaesītum	suchen; fragen
sinere, sinō, sīvī, situm	lassen, zulassen

u-Perfekt

e-Konjugation

appārēre, appāreō, appāruī, –	erscheinen, sich zeigen
carēre, careō, caruī, –	entbehren, nicht haben
dēbēre, dēbeō, dēbuī, dēbitum	müssen; schulden
dolēre, doleō, doluī, –	traurig sein, Schmerz empfinden, bedauern
exercēre, exerceō, exercuī, exercitum	bewegen, üben
habēre, habeō, habuī, habitum	haben, halten
prohibēre, prohibeō, prohibuī, prohibitum	abhalten, hindern
iacēre, iaceō, iacuī, –	liegen
imminēre, immineō, –, –	drohen, bevorstehen
monēre, moneō, monuī, monitum	erinnern, ermahnen, warnen
pārēre, pāreō, pāruī, –	gehorchen
perterrēre, perterreō, perterruī, –	heftig erschrecken
placēre, placeō, placuī, placitum	gefallen
praebēre, praebeō, praebuī, praebitum	geben, hinhalten, zeigen
tacēre, taceō, tacuī, tacitum	schweigen
tenēre, teneō, tenuī, tentum	haben, festhalten
timēre, timeō, timuī, –	fürchten; Angst haben vor
valēre, valeō, valuī, –	gesund sein, stark sein; gelten

i-Konjugation

aperīre, aperiō, aperuī, apertum	öffnen
rapere, rapiō, rapuī, raptum	rauben, reißen
arripere, arripiō, arripuī, arreptum	ergreifen, packen

konsonantische Konjugation

dēpōnere, dēpōnō, dēposuī, dēpositum	niederlegen, ablegen, in Verwahrung geben
impōnere, impōnō, imposuī, impositum	darauflegen, auferlegen
metuere, metuō, metuī, –	fürchten, sich fürchten

s-Perfekt

e-Konjugation

iubēre, iubeō, iūssī, iussum	auffordern, befehlen
persuādēre, persuādeō, persuāsī persuāsum	überreden; überzeugen
rīdēre, rīdeō, rīsī, rīsum	lachen

gemischte Konjugation

aspicere, aspiciō, aspēxī, aspectum	anschauen
cōnspicere, cōnspiciō, cōnspēxī, cōnspectum	erblicken

konsonantische Konjugation

dīcere, dīcō, dīxī, dictum	sagen, sprechen
dīvidere, dīvidō, dīvīsī, dīvīsum	teilen, trennen
dūcere, dūcō, dūxī, ductum	führen; glauben, halten für
intellegere, intellegō, intellēxī, intellēctum	verstehen, einsehen, bemerken
lūdere, lūdō, lūsī, lūsum	spielen
mittere, mittō, mīsī, missum	schicken; loslassen; werfen
neglegere, neglegō, neglēxī, neglēctum	nicht beachten, vernachlässigen
sūmere, sūmō, sūmpsī, sūmptum	nehmen, zu sich nehmen
surgere, surgō, surrēxī, surrēctum	aufstehen, sich erheben

Reduplikationsperfekt

a-Konjugation

dare, dō, dedī, datum	geben
stāre, stō, stetī, –	stehen

i-Konjugation

reperīre, reperiō, repperī, repertum	finden, wiederfinden

gemischte Konjugation

parere, pariō, peperī, partum	hervorbringen, erwerben

konsonantische Konjugation

cadere, cadō, cecidī, –	fallen
condere, condō, condidī, conditum	bergen, verwahren, gründen
currere, currō, cucurrī, cursum	laufen, rennen
ēdere, ēdō, ēdidī, ēditum	hervorbringen; bekannt geben
tendere, tendō, tetendī, tentum	spannen, ausstrecken, sich anstrengen

Dehnungsperfekt

a-Konjugation

iuvāre, iuvō, iūvī, iūtum	jmdm. Spaß machen
adiuvāre, adiuvō, adiūvī, adiūtum	unterstützen, helfen

e-Konjugation

movēre, moveō, mōvī, mōtum	bewegen
admovēre, admoveō, admōvī, admōtum	heranschaffen, in die Nähe bringen
removēre, removeō, remōvī, remōtum	entfernen, wegschaffen
sedēre, sedeō, sēdī, sessum	sitzen
vidēre, videō, vīdī, vīsum	sehen

i-Konjugation

venīre, veniō, vēnī, ventum	kommen
advenīre, adveniō, advēnī, adventum	ankommen

gemischte Konjugation

capere, capiō, cēpī, captum	fassen, nehmen, fangen
recipere, recipiō, recēpī, receptum	annehmen, zurücknehmen
facere, faciō, fēcī, factum	machen, tun
afficere, afficiō, affēcī, affectum	„versehen mit"
interficere, interficiō, interfēcī, interfectum	töten
perficere, perficiō, perfēcī, perfectum	vollenden; erreichen
fugere, fugiō, fūgī, –	fliehen, flüchten

konsonantische Konjugation

agere, agō, ēgī, āctum	tun, treiben, handeln
colligere, colligō, collēgī, collēctum	sammeln
frangere, frangō, frēgī, frāctum	zerbrechen
relinquere, relinquō, relīquī, relictum	zurücklassen, verlassen

Stammperfekt

konsonantische Konjugation

animadvertere, animadvertō, animadvertī, animadversum	bemerken
cōnstituere, cōnstituō, cōnstituī, cōnstitūtum	aufstellen, festsetzen, beschließen
incendere, incendō, incendī, incēnsum	anzünden
īnstituere, īnstituō, īnstituī, īnstitūtum	beginnen, einrichten, unterrichten
ruere, ruō, ruī, rutum	eilen, stürmen; stürzen

unregelmäßige Verben

esse, sum, fuī, –	sein
adesse, adsum, adfuī, –	da sein; helfen
dēesse, dēsum, dēfuī, –	fehlen; im Stich lassen
īre, eō, iī, itum	gehen
abīre, abeō, abiī, abitum	weggehen
inīre, ineō, iniī, initum	hineingehen; anfangen
interīre, intereō, interiō, interitum	untergehen; umkommen
praeterīre, praetereō, praeteriī, praeteritum	vorbeigehen, übergehen
redīre, redeō, rediī, reditum	zurückkehren
velle, volō, voluī, –	wollen

Relativpronomen

	m.		*f.*		*n.*	
Nom. Sg.	quī:	der	quae:	die	quod:	das
Gen. Sg.	cuius:	dessen	cuius:	deren	cuius:	dessen
Dat. Sg.	cui:	dem	cui:	der	cui:	dem
Akk. Sg.	quem:	den	quam:	die	quod:	das
Abl. Sg.	ā quō:	von dem	ā quā:	von der	ā quō:	von dem
	quōcum:	mit dem	quācum:	mit der	quōcum:	mit dem
Nom. Pl.	quī:	die	quae:	die	quae:	die
Gen. Pl.	quōrum:	deren	quārum:	deren	quōrum:	deren
Dat. Pl.	quibus:	denen	quibus:	denen	quibus:	denen
Akk. Pl.	quōs:	die	quās:	die	quae:	die
Abl. Pl.	ā quibus:	von denen	ā quibus:	von denen	ā quibus:	von denen
	quibuscum:	mit denen	quibuscum:	mit denen	quibuscum:	mit denen

	sōlus, -a, -um *Gen.* **sōlīus,** *Dat.* **sōlī**	allein	sōl, sōlis *m.*: Sonne *(Wortart beachten)* **D** Solo: Einzelvortrag in der Musik
	arx, arc-is *f.* *Gen. Pl.* **-ium**	Burg	arcus, -ūs *m.*: Bogen *(Deklinationsklasse beachten)*
3	**mūrus**	Mauer	**D** Mauer
	contrā *m. Akk./Adv.*	gegen; dagegen, gegenüber	
	mūnīre, mūniō, mūnīvī, mūnītum	schützen, befestigen	monēre: erinnern, ermahnen, warnen pūnīre: bestrafen
6	**expūgnāre**	erobern	ex- (aus-, völlig) + pūgnāre (kämpfen)
	resistere, resistō, restitī, –	stehen bleiben; Widerstand leisten	stāre, stō, stetī, –: stehen cōnsistere, cōnsistō, cōnstitī, –: stehen bleiben, anhalten, sich aufstellen
	occultus, -a, -um	verborgen, heimlich	occultāre: verbergen **D** okkult: verborgen
9	**tēctum**	Dach; Haus	
	cōnsistere, cōnsistō, cōnstitī, –	*stehen bleiben, anhalten; sich aufstellen*	Reduplikationsperfekt
	tēlum	Waffe, Geschoss	
12	**oppugnāre**	angreifen	ob- (entgegen-) + pūgnāre (kämpfen)
	fīnis, fīn-is *m.* *Gen. Pl.* **-ium**	Grenze, Ende; *Pl.* Gebiet	
	aditus, -ūs *m.*	Zugang	īre, eō, iī, itum: gehen
15	**invādere, invādō, invāsī, invāsum**	eindringen; überfallen	**D** Invasion: feindliches Eindringen **E** to invade
	metus, -ūs *m.*	Angst	metuere, metuō, metuī: fürchten, sich fürchten timor, timōris *m.*: Angst
	commovēre, commoveō, commōvī, commōtum	bewegen, veranlassen	movēre, moveō, mōvī, mōtum: bewegen
18	**fuga**	Flucht	fugae sē mandāre – „sich der Flucht anvertrauen" → die Flucht ergreifen fugere, fugiō, fūgī, –: fliehen, flüchten
	dexter, dext(e)ra, dext(e)rum	rechts	
	fātum	Göttersprich; Schicksal	Apollinī *(Dat.)* fātum est dracōnem necāre. – Apoll ist es bestimmt, den Drachen zu töten. sors, sortis *f.*: Los, Orakel, Schicksal
21	*addūcere, addūcō, addūxī, adductum*	*heranführen, veranlassen*	s-Perfekt

Doppelte Verknüpfungen
et ... et ...: sowohl … als auch … – **neque ... neque ...**: weder … noch … –
aut ... aut ...: entweder … oder … – **nōn modo ... sed etiam ...**: nicht nur … sondern auch …

	pius, -a, -um	pflichtbewusst, fromm	
	domus, -ūs *f.*	Haus	*Genus beachten:* domus alta *(f.)* – das hohe Haus domī – zu Hause dom**um** – nach Hause dom**ō** – von zu Hause **D** Dom
24	**nē … quidem**	nicht einmal …	*Wortstellung beachten:* **nē** Ulixēs **quidem** … – **nicht einmal** Odysseus …
	lacrima	Träne	
	circum *m. Akk.*	in der Umgebung von, um … herum	circum caput – um den Kopf herum
27	*vincere, vincō, vīcī, victum*	*siegen, besiegen*	Dehnungsperfekt
	dubitāre	zweifeln, zögern	Aenēās fugere dubitat. – Aeneas zögert zu fliehen. Haec dubitō. – Das bezweifle ich. **E** doubt: Zweifel
	ūnā *Adv.*	zusammen	ūnā cum amīcīs – zusammen mit den Freunden ūnus, -a, -um: einer; ein einziger
30	**portus, -ūs** *m.*	Hafen	port**a**: Tor, Tür
	convenīre, conveniō, convēnī, conventum	zusammenkommen	cum- (zusammen-) + venīre (kommen) Quīntus amīcōs convenit. – Quintus besucht seine Freunde. Convenit inter nōs. – Wir kommen überein.
	āmittere, āmittō, āmīsī, āmissum	*verlieren, aufgeben*	s-Perfekt
33	**aut**	oder	aut … aut … – entweder … oder … autem: aber; jedoch
	longus, -a, -um	lang, weit	**E** long
	iter, itiner-is *n.*	Marsch, Weg	iter facere – reisen; marschieren in itinere – unterwegs ita: so
36	**fatīgāre**	müde machen	
	cōnsīdere, cōnsīdō, cōnsēdī, cōnsessum	*sich hinsetzen*	Dehnungsperfekt
	numerus	Zahl, Menge	in numerō amīcōrum esse – zu den Freunden zählen **D** Nummer
39	**effugere, effugiō, effūgī, –**	entkommen	e(x)- (aus-, heraus-) + fugere (fliehen, flüchten)

Wiederhole für Lektion 18:
accēdere, accēdō, accessī, accessum: herangehen, hingehen – **accipere,** accipiō: annehmen, bekommen, empfangen – **canere,** canō: singen, ertönen (lassen) – **dēpōnere,** dēpōnō, dēposuī, dēpositum: niederlegen, ablegen, in Verwahrung geben – **īnstituere,** īnstituō, īnstituī, īnstitūtum: beginnen, einrichten, unterrichten – **superāre:** überragen, besiegen, übertreffen – **malum:** Übel, Leid – **perīculum:** Gefahr, Risiko – **sors,** sortis *f.:* Los, Orakel, Schicksal – **ante** *m. Akk.:* vor – **certē** *Adv.:* sicherlich – **frūstrā** *Adv.:* vergeblich, umsonst – **modo** *Adv.:* nur – **ōlim** *Adv.:* einst

dēscendere, dēscendō, dēscendī, –	herabsteigen	
grātus, -a, -um	dankbar; beliebt	Cōnsilium tuum mihi grātum est. – Dein Plan sagt mir zu. Grāta est. – Sie ist beliebt. grātia: Ansehen, Beliebtheit; Dank
3 *petere, petō, petīvī, petītum*	*(auf-)suchen, angreifen; bitten, verlangen*	v-Perfekt
prō *m. Abl.*	vor, für, anstatt	prō templō – vor dem Tempel prō patriā – für das Vaterland prō imperātōre – anstelle des Kaisers contrā *m. Akk.*: gegen
sacer, sacra, sacrum	heilig; verflucht	sacrum: Heiligtum, Opfer sacrificium: Opfer
6 **ipse, ipsa, ipsum** *Gen.* **ipsīus,** *Dat.* **ipsī**	„selbst“	
eō *Adv.*	hierhin; dorthin	is, ea, id īre, eō, iī, itum: gehen
īre, eō, iī, itum	*gehen*	
9 **centum**	hundert	**D** Cent: der hunderste Teil eines Euro
unde	woher	inde *Adv.*: von dort; dann; daher
vix *Adv.*	kaum	
12 **līmen, līmin-is** *n.*	Schwelle; Zimmer	lūmen, lūminis *n.*: Licht
accēdere, accēdō, accessī, accessum	*herangehen, hingehen*	s-Perfekt
atrōx *Gen.* **atrōc-is**	grässlich	
15 **timor, timōr-is** *m.*	Angst	timēre: fürchten; Angst haben vor metus -ūs *m.*: Angst
sanctus, -a, -um	heilig, rein	sacer, sacra, sacrum: heilig; verflucht **D** Sankt Martin
vātēs, vāt-is *m./f.*	Seher, Seherin	
18 **quandō**	wann	quantus, -a, -um: wie groß?, wie viel?
quiēs, quiēt-is *f.*	Ruhe, Erholung	

Interrogativpronomen (Fragepronomen)

	m./f.		*n.*	
Nom.	quis?:	wer?	quid?:	was?
Gen.	cuius?:	wessen?	cuius?:	wessen?
Dat.	cui?:	wem?	cui?:	wem?
Akk.	quem?:	wen?	quid?:	was?
Abl.	ā quō?:	von wem?	quō?:	wodurch?
	quōcum?:	mit wem?		

	īgnōtus, -a, -um	unbekannt	
21	**implōrāre**	anflehen, erflehen	
	patēre	offen stehen; sich erstrecken	Portae patent. – Die Türen stehen offen. Ager patet ad flūmen. – Das Feld erstreckt sich bis zum Fluss.
	mox *Adv.*	bald	
24	**bellum**	Krieg	
	cernere, cernō, crēvī, crētum	wahrnehmen, erkennen; entscheiden	
	gēns, gent-is *f.*	Stamm, Geschlecht, Familie	
27	**gerere, gerō, gessī, gestum**	tragen, führen, ausführen	bellum gerere – Krieg führen sē bene gerere – sich anständig verhalten rēs gestae – Taten; Geschichte
	nec (≈ neque)	*und nicht, auch nicht,* *aber nicht*	
	abesse, absum, āfuī, –	fehlen	ab- (weg-) + esse (sein) adesse, adsum, adfuī, –: da sein; helfen
30	**prōvidēre, prōvideō, prōvīdī, prōvīsum**	vorhersehen; sorgen für	rēs futūrās prōvidēre – die Zukunft vorhersehen omnia prōvidēre – für alles sorgen salūtī *(Dat.)* gentis prōvidēre – für das Wohl des Stammes sorgen **E** provider: Lieferant
	pāx, pāc-is *f.*	Frieden	*Genus beachten:* pāx grāta *(f.)*: der willkommene Frieden **E** peace
	cēdere, cēdō, cessī, cessum	gehen; nachgeben	accēdere, accēdō, accessī, accessum: heran- gehen, hingehen
33	**obviam** *Adv.*	entgegen	obviam īre – entgegengehen via: Straße, Weg
	exemplum	Beispiel	**E** example
	dēnique *Adv.*	schließlich	tandem *Adv.*: endlich, schließlich
36	*respondēre, respondeō, respondī, respōnsum*	*antworten*	Stammperfekt
	canere, canō, cecinī, –	*singen, ertönen (lassen)*	Reduplikationsperfekt
	volvere, volvō, volvī, volūtum	*wälzen, rollen*	Stammperfekt
39	**mundus**	Welt, Weltall	

Wiederhole für Lektion 19:
dēesse, dēsum, dēfuī, –: fehlen; *m. Dat.:* nicht helfen; im Stich lassen – **observāre:** beobachten, beachten – **praebēre:** geben, hinhalten, zeigen – **animus:** Geist, Herz, Seele, Mut – **annus:** Jahr – **avis**, avis *f.*: Vogel – **caelum:** Himmel – **frāter**, frātris *m.*: Bruder – **īra:** Zorn – **nūntius:** Bote; Nachricht

	post *Adv.*	später	multīs annīs *(Abl.)* post – viele Jahre später post *m. Akk.:* nach, hinter posteā *Adv.:* danach, später
	pervenīre, perveniō, pervēnī, perventum	hinkommen	per- (hindurch-, bis zu Ende) + venīre (kommen) In fīnēs Rōmānōrum pervēnērunt. – Sie gelangten in das Gebiet der Römer.
3	**avus**	Großvater	avis, avis *f.:* Vogel
	rēgnum	Königsherrschaft, Herrschaft, Reich	regere, regō: lenken; beherrschen rēx, rēgis *m.:* König
	restituere, restituō, restituī, restitūtum	wiederherstellen	in rēgnum restituere – wieder in die Königsherrschaft einsetzen cōnstituere, cōnstituō, cōnstituī, cōnstitūtum: aufstellen, festsetzen, beschließen
6	**loca, -ōrum** *n. Pl.*	Orte; Gegend	locus: Ort, Platz, Stelle
	expōnere, expōnō, exposuī, expositum	aussetzen; darlegen	līberōs expōnere – Kinder aussetzen cōnsilia expōnere – Pläne darlegen **D** Exponat: Ausstellungsstück im Museum
	atque	und	et: und; auch
9	*alere, alō, aluī, altum*	*ernähren*	u-Perfekt
	cupīdō, cupīdin-is *f.*	Begierde	cupere, cupiō, cupīvī, cupītum: wünschen cupidus, -a, -um: begierig
	posterus, -a, -um	folgend	posterō diē – am folgenden Tag posterī *(Pl.)* – die Nachkommen post *m. Akk./Adv.:* nach, hinter; später
12	**alter, altera, alterum** *Gen.* **alterīus,** *Dat.* **alterī**	der eine/der andere (von zweien)	alius, alia, aliud: ein anderer, eine andere, ein anderes altus, -a, um: hoch; tief **D** Alternative: eine andere/zweite Möglichkeit
	repetere, repetō, repetīvī, repetītum	zurückverlangen; wiederholen	re- (zurück-) + petere (aufsuchen; angreifen; bitten, verlangen) **E** to repeat
	sex *(unveränderlich)*	sechs	
15	*trādere, trādō, trādidī, trāditum*	*übergeben, überliefern*	Reduplikationsperfekt

videri
Das Passiv von vidēre muss meist mit „scheinen" übersetzt werden. Es bedeuten also vidētur „es scheint" und vidēbātur/vīsum est „es schien".
Italia Trōiānīs patria nova esse **vidēbātur.** – Den Trojanern **schien** Italien die neue Heimat zu sein.
Beachte: … sī tibi **vidētur** – … wenn es dir **richtig scheint**

unpersönliche Verben
cōnstat: es steht fest – **iuvat:** es macht Spaß – **licet:** es ist erlaubt – **nōn licet:** es ist verboten – **necesse est:** es ist notwendig – **oportet:** es ist nötig – **opus est:** es ist nötig

	dēmittere, dēmittō, dēmīsī, dēmissum	hinabschicken; sinken lassen	dē- (herab-, weg-) + mittere (schicken; loslassen; werfen)
	oportet, oportuit	es ist nötig	Mē agere oportet. – „Es ist nötig, dass ich handle." → Ich muss handeln. opus est: es ist nötig necesse est: es ist notwendig
18	**duodecim** *(unveränderlich)*	zwölf	
	laetitia	Freude	laetus, -a, -um: fröhlich
	nūntiāre	melden	nūntius: Bote; Botschaft
21	**cōnstat, cōnstitit** *m. Aci*	es steht fest, dass	stāre, stō, stetī, –: stehen
	fallere, fallō, fefellī, –	*betrügen, enttäuschen*	Reduplikationsperfekt
	ostendere, ostendō, ostendī, ostentum	zeigen, erklären	mōnstrāre: zeigen
24	*contendere, contendō, contendī, contentum*	*sich anstrengen; eilen; behaupten*	Stammperfekt
	īnstruere, īnstruō, īnstrūxī, īnstrūctum	aufstellen; ausrüsten; unterrichten	īnstituere, īnstituō, īnstituī, īnstitūtum: beginnen, einrichten, unterrichten E to instruct
	invenīre, inveniō, invēnī, inventum	*finden, erfinden*	Dehnungsperfekt
27	**perturbāre**	in Verwirrung bringen	turba: Lärm, Gewimmel, Menschenmenge
	improbus, -a, -um	schlecht, unanständig	improbae mercēs – schlechte Waren improbī – Schurken probāre: prüfen; für gut befinden; beweisen
	ut *(m. Indikativ)*	wie	
30	**facile** *Adv.*	leicht, mühelos	facilis, -is, -e: leicht, einfach
	sīc *Adv.*	so; folgendermaßen	ita: so sī *Subj.*: wenn, falls
	irrīdēre, irrīdeō, irrīsī, irrīsum	*auslachen, verspotten*	s-Perfekt
33	**occīdere, occīdō, occīdī, occīsum**	erschlagen, töten	caedere, caedō, cecīdī, caesum: fällen, töten necāre: töten
	imperium	Befehl; Herrschaft; Reich	rēgnum: Königsherrschaft, Herrschaft; Reich E empire
	appellāre	ansprechen; nennen	deōs appellāre – die Götter anbeten nōmināre: nennen

Wiederhole für Lektion 20:
cōnsistere, cōnsistō, cōnstitī, –: stehen bleiben, anhalten; sich aufstellen – **iūdicāre:** urteilen, entscheiden, beurteilen – **pūnīre:** bestrafen – **surgere**, surgō, surrēxī, surrēctum: aufstehen, sich erheben – **fore** (= futūrum esse, *Inf. Futur*): sein werden – **celeritās**, celeritātis *f.*: Schnelligkeit – **dīligentia:** Sorgfalt – **cūra:** Sorge, Pflege – **lacrima:** Träne – **multitūdō**, multitūdinis *f.*: Menge – **nox**, noctis *f.*: Nacht – **cupidus**, -a, -um: begierig – **dexter**, dextra, dextrum: rechts – **medius**, -a, -um: der mittlere, mitten – **prope** *Adv.*: in der Nähe; beinahe

	tumultus, -ūs *m.*	Lärm, Aufruhr	turba: Lärm, Gewimmel, Menschenmenge
	orīrī, orior, ortus sum	sich erheben, entstehen	Tumultus oritur. – Aufruhr entsteht. Sōl oritur. – Die Sonne geht auf. **D** Orient: Länder im Osten (wo die Sonne aufgeht)
3	**īgnis, īgn-is** *m.* *Gen. Pl.* **-ium**	Feuer	incendium: Brand, Feuer
	exstinguere, exstinguō, exstīnxī, exstīnctum	auslöschen	Aqua īgnem exstinguit. – Wasser löscht Feuer. Īgnis exstinguitur. – Das Feuer geht aus. **E** to extinguish
	perniciēs, -ēī *f.*	Untergang, Verderben	calamitās, calamitātis *f.*: Schaden, Unglück
6	**aedēs, aed-is** *f.*	Tempel	aedēs, aedium *(Pl.)* – Haus aedificium: Gebäude
	somnus	Schlaf	
	excitāre	antreiben; erregen; aufwecken	incitāre: antreiben, anfeuern, erregen
9	**sequī, sequor, secūtus sum** *m. Akk.*	folgen	Amīcum *(Akk.)* sequor. – Ich folge **dem** Freund. Cōnsilium *(Akk.)* sequor. – Ich folge dem Rat. secundus, -a, -um: der zweite, folgende; günstig **D** Sequenz: Abfolge
	virgō, virgin-is *f.*	Mädchen, junge Frau; Jungfrau	**E** virgin
	manēre, maneō, mānsī, –	*bleiben, warten, erwarten*	s-Perfekt
12	**loquī, loquor, locūtus sum**	sprechen, sagen	colloquium: Gespräch, Unterredung
	cūstōdia	Aufsicht, Wache; Gefängnis	cūstōdīre: bewachen
	prae *m. Abl.*	vor	prō *m. Abl.*: vor, für, anstatt post *m. Akk.*: nach, hinter
15	**paene** *Adv.*	beinahe	prope *Adv.*: in der Nähe, beinahe
	mūnus, mūner-is *n.*	Aufgabe, Amt; Geschenk; Festspiel	mūnera dare – Gladiatorenkämpfe veranstalten manus, -ūs *f.*: Hand; Schar dōnum: Geschenk
	cīvitās, cīvitāt-is *f.*	Staat, Gemeinde; Bürgerrecht	cīvis, cīvis *m.*: Bürger

Dativus finalis

Der **Dativus finalis** gibt einen Zweck an und antwortet auf die Frage „wozu?".
Dabei steht meistens ein *zweiter Dativ als Objekt.*
Lūdī circēnsēs *Rōmānīs* **māgnō gaudiō** erant. –
Die Wagenrennen bereiteten den Römern große Freude.
Haec rēs *mihi* **perīculō** est. – Diese Sache ist für mich gefährlich.
Ulixēs *sociīs* **auxiliō** vēnit. – Odysseus kam den Gefährten zu Hilfe.

18	**fungī, fungor, fūnctus sum** *m. Abl.*	ausüben	Mūneribus funguntur. – Sie üben ihre Ämter aus. **D** Funktion: Tätigkeit, Aufgabe
	praeceptum	Vorschrift	
	tangere, tangō, tetigī, tactum	*berühren*	Reduplikationsperfekt
21	**proximus, -a, -um**	der nächste; der letzte	prope *Adv.:* in der Nähe, beinahe
	disciplīna	Lehre, Unterricht	**D** Disziplin
	hortārī, hortor, hortātus sum	ermahnen, auffordern	monēre: erinnern, ermahnen, warnen
24	**officium**	Pflicht	**E** office
	vitium	Fehler	
	culpa	Schuld	
27	**gravis, -is, -e**	schwer, ernst	**D** gravierend: schwerwiegend
	poena	Strafe	poenam dare – Strafe zahlen, bestraft werden pūnīre, pūniō, pūnīvī, pūnītum: bestrafen
	solvere, solvō, solvī, solūtum	lösen, zahlen	poenam solvere – Strafe zahlen, bestraft werden sōlus, -a, -um: allein sōl, sōlis *m.:* Sonne **E** solution: Lösung
30	**dēspērāre**	verzweifeln	Salūtī *(Dat.)* dēspērāvit. – Sie verzweifelte an der Rettung. spērāre: hoffen **E** desperate: verzweifelt
	sīn	wenn aber	sī: wenn, falls
	vestis, vest-is *f.* *Gen. Pl.* **-ium**	Kleidung, Gewand	**D** Weste
33	**conicere, coniciō, coniēcī, coniectum**	werfen; vermuten	Tēla in hostēs coniēcērunt. – Sie schleuderten Geschosse auf die Feinde. Vātēs bonus bene conicit. – Ein guter Seher stellt gute Vermutungen an. iactāre: werfen, schleudern
	convertere, convertō, convertī, conversum	umwenden, verändern	**D** konvertieren: eine Datei in ein anderes Format bringen
	vacāre *m. Abl.*	frei sein von	Timōre *(Abl.)* vacat. – Sie ist frei von Furcht.
36	**dēmōnstrāre**	zeigen	mōnstrāre: zeigen **D** Demonstration

Wiederhole für Lektion 21:
admovēre, admoveō, admōvī, admōtum: heranschaffen, in die Nähe bringen – **crēscere**, crēscō, crēvī, crētum: wachsen – **cōnsilium inīre:** einen Entschluss fassen – **īnstituere**, īnstituō, īnstituī, īnstitūtum: beginnen, einrichten, unterrichten – **līberāre:** befreien – **magistrātus**, -ūs *m.:* Amt; Beamter – **ōs**, ōris *n.:* Mund; Gesicht – **vulnus**, vulneris *n.:* Wunde – **alius**, -a, -um: ein anderer – **fortis**, -is, -e: stark, tapfer – **īgnōtus**, -a, -um: unbekannt – **superbus**, -a, -um: stolz, hochmütig – **sēcum:** mit sich – **ipse**, ipsa, ipsum: „selbst" – **ut:** wie

Mehrdeutige Wörter und Formen

Erkennst du die mehrdeutigen Formen?
Schreibe Grundform und Bedeutung des hervorgehobenen Wortes jeweils hinter den Satz.

Avis volat in caelō. ______________________

Līberī ab **avīs** dōna accipiunt. ______________________

Amīcī in **circum** properant. ______________________

Arborēs **circum** vīllam rūsticam crēscunt. ______________________

Quīntus **cum** Caeciliā sorōre ad scholam properat. ______________________

Perseus dormiēbat, **cum** Minerva apparuit. ______________________

In forum **eō**, venisne et tū? ______________________

Eō ambulō tēcum, sed magistrum invenīre nōn cupiō. ______________________

Et ego ab **eō** in forō vidērī nōn cupiō. ______________________

Quid **facis** hīc? ______________________

Arx Priamī flammā **facis** unīus incēnsa est. ______________________

Saepe amīcōs in vīllam invītō: **Hīc** cibīs sermōnibusque fruimur. ______________________

Hodiē Urbicus pūgnat. **Hic** nōndum superātus est. ______________________

Māne discipulī in scholam properant. ______________________

Manē in aede Vestae, Aemilia! ______________________

Quō **modō** hoc fēcistī? ______________________

Verbīs **modo** tibi grātiās agere possum. ______________________

Mōnstrā tābulam, Quīnte! ______________________

Mōnstra Perseum nōn perterruērunt. ______________________

Trōiānī iam diū nāvigābant, cum **ōra** Italiae apparuit. ____________________

Ōrā deōs, sī valēre vīs! ____________________

Gorgonēs **ōra** atrōcia praebuērunt. ____________________

Parentēs līberōs amant. ____________________

Līberī nōn **pārentēs** ā parentibus tamen amantur. ____________________

Cūr nōn **portās** tābulam, Quīnte? ____________________

Graecī **portās** arcis Priamī vī aperuērunt. ____________________

Post Urbicum Aemiliānus arēnam intrāvit. ____________________

Multīs annīs **post** Aemiliānus in patriam rediit. ____________________

Prīmum vēnit, tum abiit. ____________________

Caecilius patrōnus Porcium **prīmum** accēpit. ____________________

Quam laetus Sextus est! ____________________

Puella, **quam** taurus portābat, Eurōpa nōmināta est. ____________________

Crīspīna **serva** cibōs parat. ____________________

Servā nōs, Ulixe! ____________________

Sine illum vīvere, Urbice! ____________________

Sine metū Apollō mōnstrum petīvit. ____________________

Tē **tantum** amō, Caecilia. ____________________

Tē **tantum** vitium fēcisse doleō. ____________________

Quīnte, **ubi** es? ____________________

Aenēās, **ubi** dē nāve dēscendit, templum Apollinis petīvit. ____________________

Quid **vīs**, Quīnte? ____________________

Vīs Herculis māgna erat. ____________________

	cōnsulere, cōnsulō, cōnsuluī, cōnsultum	*um Rat fragen, beraten; beschließen; sorgen für*	u-Perfekt
	accipere, accipiō, accēpī, acceptum	*annehmen, bekommen, empfangen*	Dehnungsperfekt
3	**solēre**	gewohnt sein, gewöhnlich etw. tun	solvere, solvō, solvī, solūtum: lösen, zahlen sōl, sōlis *m.*: Sonne sōlus, -a -um: allein
	an?	oder?; oder etwa?	Labōrem an lūdam? – Soll ich arbeiten oder spielen? An dubitās? – Oder zweifelst du etwa?
	pūblicus, -a, -um	öffentlich	rēs pūblica – Staat **D** Publikum
6	**crūdēlis, -is, -e**	grausam	**E** cruel
	damnāre	verurteilen	in opus damnāre – zu Zwangsarbeit verurteilen capitis (*Gen. von* caput) damnāre – zum Tode verurteilen **D** verdammen
	iūs, iūr-is *n.*	Recht	**iniūria**: **Un**recht **D** Jura: Rechtswissenschaft
9	**expellere, expellō, expulī, expulsum**	vertreiben, verbannen	
	dūrus, -a, -um	hart	
	igitur *Adv.*	also	ergō *Adv.*: also
12	**iniūstus, -a, -um**	ungerecht	iūs, iūris *n.*: Recht
	tyrannus	Gewaltherrscher	
	līber, lībera, līberum	frei	līber metū *(Abl.)* – „frei von Furcht" → furchtlos liber, librī *m.*: Buch līberī, -ōrum: Kinder
15	**lībertās, lībertāt-is** *f.*	Freiheit	līber, lībera, līberum: frei līberāre: befreien **E** liberty
	iūstitia	Gerechtigkeit	iūs, iūris *n.*: Recht **E** justice
	uterque, utraque, utrumque	jeder (von zweien); beide	Uterque mē spectat. – Beide schauen mich an. uterque cōnsul – beide Konsuln
18	**nōbilitās, nōbilitāt-is** *f.*	Adel	**D** nobel: edel, vornehm
	vexāre	quälen	

Rōmam: nach Rom – **Rōmae:** in Rom – **Rōmā:** aus Rom

Wunschsätze

Wunschsätze werden oft mit **utinam** eingeleitet, verneint mit **utinam nē.**
Utinam amīcōs conveniam! – **Hoffentlich** treffe ich die Freunde!
Utinam nē īgnis extinguātur! – **Hoffentlich** geht das Feuer **nicht** aus!

	audēre	wagen	**audīre, audiō, audīvī, audītum:** hören
21	**commūnis, -is, -e**	gemeinsam, allgemein, üblich	vīta commūnis – Alltag E common
	sīgnificāre	bezeichnen, bedeuten	sīgnum (Zeichen) + facere (machen, tun)
	quasi *Adv./Subj.*	gleichsam; wie wenn, als ob	
24	**lābī, lābor, lāpsus sum**	gleiten; fallen	labor, labōris *m.:* Arbeit, Strapaze
	arbitrārī, arbitror, arbitrātus sum	glauben, meinen, halten für	putāre: glauben, meinen; halten für
	vērus, -a, -um *Adv.* **vērē/vērō**	wahr, wirklich	vērum dīcere – die Wahrheit sagen vērō *Adv.:* aber
27	**suspicārī, suspicor, suspicātus sum**	vermuten, einen Verdacht haben	
	comitia, -ōrum *n.* *(nur Pl.)*	Volksversammlung	
	cōnsul, cōnsul-is *m.*	Konsul	cōnsulere, cōnsulō, cōnsuluī, cōnsultum: um Rat fragen, beraten; beschließen; sorgen für
30	**creāre**	erschaffen; wählen	E to create D kreativ: schöpferisch
	collēga *m.*	Kollege	
	administrāre	verwalten, leiten	D System-Administrator *(bei Computernetzwerken)*
33	**senātus, -ūs** *m.*	Senat	SPQR = senātus populusque Rōmānus – Senat und Volk von Rom senātor, senātōris *m.:* Senator
	ratiō, ratiōn-is *f.*	Grund, Vernunft; Art und Weise	ratiōnem reddere – Rechenschaft ablegen aliā ratiōne – auf andere Weise
	postrēmō *Adv.*	schließlich	post *m. Akk./Adv.:* nach, hinter; später posteā *Adv.:* danach, später
36	**lēx, lēg-is** *f.*	Gesetz; Bedingung	*Genus beachten:* lēx nova *(f.)* – das neue Gesetz lēgēs pācis dīcere – die Bedingungen des Friedens vorschreiben legere, legō: lesen D legal: gesetzlich erlaubt
	oboedīre	gehorchen	pārēre: gehorchen
	exitus, -ūs *m.*	Ausgang; Ende, Ergebnis	E exit
39	**proficīscī, proficīscor, profectus sum**	aufbrechen; reisen, marschieren	iter facere: reisen, marschieren profectō *Adv.:* in der Tat, sicherlich

Wiederhole für Lektion 22:
certāre: wetteifern, kämpfen – **conicere,** coniciō, coniēcī, coniectum: werfen; vermuten – **dēscendere,** dēscendō, dēscendī, –: herabsteigen – **incitāre:** anfeuern, antreiben, erregen – **licet:** es ist erlaubt – **obviam īre:** entgegen gehen – **exercitus,** -ūs *m.:* Heer – **facultās,** facultātis *f.:* Möglichkeit, Fähigkeit – **mīles,** mīlitis *m.:* Soldat – **suī** *(Nom. Pl.):* seine Leute – **virtus,** virtūtis *f.:* Tapferkeit, Tugend; Leistung – **aliēnus,** -a, -um: fremd – **singulī,** -ae, -a: einzeln; je ein – **tantus,** -a, -um: so groß; so viel – **inter sē:** miteinander

	audācia	Mut; Frechheit	audēre: wagen
	mīrārī, mīror, mīrātus sum	sich wundern; bewundern	mīrus, -a, -um: wunderbar, erstaunlich
3	*dēcernere, dēcernō, dēcrēvī, dēcrētum*	*entscheiden, beschließen*	v-Perfekt
	crēdere, crēdō, crēdidī, crēditum	*glauben; anvertrauen*	Reduplikationsperfekt
	inopia	Mangel, Not	
6	**imperāre** *m. Dat.*	befehlen; beherrschen	imperātor, imperātōris *m.*: Herrscher, Feldherr, Kaiser imperium: Befehl; Herrschaft; Reich iubēre, iubeō, iūssī, iussum: auffordern, befehlen
	castra, -ōrum *n.* *(nur Pl.)*	Lager	castra mūnīre – ein Lager anlegen castra movēre – aufbrechen
	trāicere, trāiciō, trāiēcī, trāiectum	hinüberbringen; überqueren	Flūmen trāiciunt. – Sie überqueren den Fluss. Exercitum trāns flūmen trāicit. – Er lässt das Heer den Fluss überqueren.
9	**pellere, pellō, pepulī, pulsum**	stoßen, schlagen; vertreiben	expellere, expellō, expulī, expulsum: vertreiben, verbannen
	cōnspectus, -ūs *m.*	Anblick; Blickfeld	in cōnspectū – in Sichtweite cōnspicere, cōnspiciō, cōnspēxī, cōnspectum: erblicken speciēs, speciēī *f.*: Anblick, Aussehen
	priusquam	bevor	postquam: nachdem
12	**aciēs, -ēī** *f.*	Schärfe; Schlachtordnung; Schlacht	ācer, ācris, ācre: scharf, energisch
	ēdūcere, ēdūcō, ēdūxī, ēductum	herausführen	e(x)- (aus-, heraus-) + dūcere (führen; glauben, halten für)
	cōntiō, cōntiōn-is *f.*	Versammlung	
15	**praesidium**	Schutz; Wachposten	Arx rēgī Priamō diū praesidiō *(Dat. finalis)* erat. – Die Burg schützte König Priamos lange.
	apud *m. Akk.*	bei	ad *m. Akk.*: zu, nach; bei
	rērī, reor, ratus sum	meinen	ratio, ratiōnis *f.*: Grund, Vernunft; Art und Weise arbitrārī, arbitror, arbitrātus sum / putāre: glauben, meinen, halten für
18	**ūsus, -ūs** *m.*	Gebrauch; Nutzen; Übung	ūsuī esse *(Dat. finalis)* – nützlich sein E useful: nützlich

	spectāculum	Schauspiel; Anblick	spectāre: betrachten, anschauen spectātor, spectātōris *m.*: Zuschauer
	statuere, statuō, statuī, statūtum	aufstellen; festsetzen, beschließen	cōnstituere, cōnstituō, cōnstituī, cōnstitūtum: aufstellen, festsetzen, beschließen
21	**pēs, ped-is** *m.*	Fuß	D Pedal
	pōnere, pōnō, posuī, positum	setzen, stellen, legen	expōnere, expōnō, exposuī, expositum: aussetzen; darlegen D Position
	permittere, permittō, permīsī, permissum	erlauben, überlassen	mittere, mittō, mīsī, missum: schicken; loslassen; werfen E permission: Erlaubnis
24	**pollicērī, polliceor, pollicitus sum**	versprechen	
	optāre	wünschen	optātus, -a, -um – erwünscht, ersehnt D optional: nach Wunsch
	postulāre	fordern	
27	**vinculum**	Band, Fessel	vincula, -ōrum (*Pl.*) – Gefängnis
	necessitās, necessitāt-is *f.*	Notwendigkeit; Notlage	necesse est: es ist notwendig
	circumdare, circumdō, circumdedī, circumdatum	herumlegen; umgeben	circum- (um … herum) + dare (geben) Armīs sē circumdēdit. – Er legte die Waffen an. Hortus mūrō circumdatus est. – Der Garten ist von einer Mauer umgeben.
30	**tergum**	Rücken	ā tergō – im Rücken
	claudere, claudō, clausī, clausum	schließen; einschließen	aperīre, aperiō, aperuī, apertum: öffnen E to close
	opera	Arbeit, Mühe	operam dare – sich bemühen, sich Mühe geben opus, operis *n.*: Arbeit, Werk
33	**cavēre, caveō, cāvī, cautum** *m. Akk.*	sich hüten	Cavē canem! – Hüte dich vor dem Hund! Cāve, nē cadās! – Pass auf, dass du nicht hinfällst! carēre, careō, caruī, – *m. Abl.*: entbehren, nicht haben
	perīre, pereō, periī, –	umkommen, zugrunde gehen	īre, eō, iī, itum: gehen

Wiederhole für Lektion 23:
appārēre, appāreō, appāruī, –: erscheinen, sich zeigen – **emere**, emō, ēmī, emptum: kaufen – **frangere**, frangō, frēgī, frāctum: zerbrechen – **habitāre:** wohnen; bewohnen – **invenīre**, inveniō, invēnī, inventum: finden; erfinden – **neglegere**, neglegō, neglēxī, neglēctum: nicht beachten, vernachlässigen – **vendere**, vendō: verkaufen – **merx**, mercis *f.*: Ware – **occāsiō**, occāsiōnis *f.*: Gelegenheit – **sanguis**, sanguinis *m.*: Blut – **atrōx:** grässlich – **improbus**, -a, -um: schlecht, unanständig – **quantus**, -a, -um: wie groß, wie viel – **saevus**, -a, -um: wild, wütend; schrecklich – **dēmum** *Adv.*: schließlich – **hinc** *Adv.*: von hier – **quā dē causā:** weshalb – **quidem** *Adv.*: zwar, jedenfalls

lūdus	Spiel; Schule	Mē lūdōs facis. – Du nimmst mich auf den Arm. lūdere, lūdō, lūsī, lūsum: spielen
quia *Subj.*	weil	quod: weil
3 **vīvus, -a, -um**	lebend, lebendig	vīva vōx – mündliche Rede flūmen vīvum – fließendes Gewässer vīvere, vīvō, vīxī, –: leben vīta: Leben
unda	Welle; Gewässer	
quam *beim Positiv* *beim Komparativ*	 *wie* als	 Nihil facilius est quam errāre. – Nichts ist leichter als sich zu irren.
6 **peccāre**	einen Fehler machen	
tālis, -is, -e	so; ein solcher	
quālis, -is, -e	wie (beschaffen), was für ein	**D** Qualität: Beschaffenheit
9 **ante** *Adv.*	vorher	ante *m. Akk.*: vor post *Adv.*: später
opportūnus, -a, -um	günstig, passend	rēs opportūna – günstige Gelegenheit
familiāris, -is, -e	zur Familie gehörig;	familia: Hausgemeinschaft, Familie **D** familiär
12 **umquam** *Adv.*	jemals	neque umquam – und/aber niemals numquam: niemals
emere, emō, ēmī, emptum	*kaufen*	Dehnungsperfekt
mercātor, mercātōr-is *m.*	Kaufmann, Händler	merx, mercis *f.*: Ware
15 **dīvitiae, -ārum** *f.* *(nur Pl.)*	Reichtum	
inquam	*ich sage/sagte*	inquit: er/sie sagt(e)
impius, -a, -um	gottlos; frevelhaft	pius, -a, -um: pflichtbewusst, fromm
18 **facinus, facinor-is** *n.*	Handlung, Tat; Untat, Verbrechen	facere, faciō, fēcī, factum: machen, tun
admonēre, admoneō, admonuī, admonitum	ermahnen; erinnern	monēre: erinnern, ermahnen, warnen admovēre, admoveō, admōvī, admōtum: heranschaffen, in die Nähe bringen

Leben und Tod

vīta: Leben – **mors,** mortis *f.*: Tod – **vīvus,** -a, -um: lebend, lebendig – **mortuus,** -a, -um: tot – **vīvere,** vīvō, vīxī, –: leben – **morī,** morior, mortuus sum: sterben – **animam ēdere:** sterben – **interīre,** intereō, interiī, interitum: untergehen; umkommen – **interficere,** interficiō, interfēcī, interfectum: töten – **necāre:** töten – **occīdere,** occīdō, occīdī, occīsum: erschlagen; töten

	pār *Gen.* **par-is**	gleich; angemessen	pars, partis *f.*: Teil; Seite; Richtung **D** Paar
21	**comperīre, comperiō, comperī, compertum**	erfahren	cōnsilium compertum habēre – einen Plan ganz genau kennen
	scelus, sceler-is *n.*	Verbrechen	facinus, facinoris *n.*: Handlung, Tat; Untat, Verbrechen
	accidere, accidō, accidī, –	*sich ereignen, geschehen*	Stammperfekt
24	**hospes, hospit-is** *m.*	Gast; Gastgeber	convīva *m.*: Gast hostis, hostis *m.*: Feind
	vendere, vendō, vendidī, venditum	*verkaufen*	Reduplikationsperfekt
	sententia	Meinung; Spruch	meā sententiā *(Abl.)* – meiner Meinung nach sententiam dīcere – seine Stimme abgeben, abstimmen Quot hominēs, tot sententiae. – Wie viele Menschen, so viele (verschiedene) Meinungen.
27	**mortuus, -a, -um**	tot; *als Subst.*: Toter, Leichnam	mors, mortis *f.*: Tod vīvus, -a, -um: lebend, lebendig
	scīlicet *Adv.*	selbstverständlich, natürlich	scire (wissen) + licet (es ist erlaubt)
	morī, morior, mortuus sum	sterben	mortuus, -a, -um: tot; *als Subst.* Toter
30	**sepulcrum**	Grab; Grabmal	
	egēre, egeō, eguī, – *m. Abl.*	brauchen, nötig haben	Pecūniā *(Abl.)* egeō. – Ich habe kein Geld. Auxiliā *(Abl.)* egeō. – Ich brauche Hilfe. agere, agō, **ēgī**, āctum: tun, treiben, handeln
	dēcipere, dēcipiō, dēcēpī, dēceptum	*betrügen*	Dehnungsperfekt
33	**aurum**	Gold	
	adimere, adimō, adēmī, ademptum	wegnehmen	
	haud	nicht	haud male – nicht schlecht nōn: nicht

Wiederhole für Lektion 24:
abīre, abeō, abiī, abitum: weggehen – **iactāre:** werfen, schleudern – **īnstruere,** īnstruō, īnstrūxī, īnstrūctum: aufstellen; ausrüsten; unterrichten – **gerere**, gerō, gessī, gestum: tragen, führen, ausführen – **sē gerere:** sich benehmen – **sequī**, sequor, secūtus sum *m. Akk.*: folgen – **vidērī:** scheinen – **dolus:** List, Täuschung – **timor**, timōris *m.*: Angst – **ācer,** ācris, ācre: scharf, energisch – **līber**, lībera, līberum: frei – **prūdēns:** klug – **adhūc** *Adv.*: noch, bis jetzt – **tantum** *Adv.*: nur

	morārī, moror, morātus sum	sich aufhalten; zögern	mora: Verzögerung, Aufenthalt mīrārī: sich wundern; bewundern morī, moriōr, mortuus sum: sterben
	exīre, exeō, exiī, exitum	herausgehen, weggehen	e(x)- (aus-, heraus-) + īre (gehen) exitus, -ūs *m.*: Ausgang; Ende, Ergebnis
3	**exsilium**	Verbannung	D Exil
	cōgere, cōgō, coēgī, coāctum	versammeln; zwingen	necessitāte coāctus – „durch die Notwendigkeit gezwungen“ → gezwungenermaßen cōgitāre: denken, nachdenken, beabsichtigen agere, agō, **ēgī, āctum:** tun, treiben, handeln
	barbarus, -a, -um	ausländisch, wild; *als Subst.:* Barbar, Barbarin	
6	**ūllus, -a, -u** *Gen.* **ūllīus,** *Dat.* **ūllī**	irgendein, ein; irgendwer	sine ūllā spē – ohne jede Hoffnung nūllūs, -a, -um: kein nōnnūllī, -ae, -a: einige, manche
	clēmentia	Milde, Sanftmut	
	dīligere, dīligō, dīlēxī, dīlēctum	*schätzen, lieben*	s-Perfekt
9	*favēre, faveō, fāvī, fautum*	*unterstützen, begünstigen*	Dehnungsperfekt
	vehemēns *Gen.* **vehement-is**	heftig, energisch	
	dolor, dolōr-is *m.*	Schmerz	dolēre: traurig sein, Schmerz empfinden dolus: List, Täuschung
12	**potius** *Adv.*	eher, lieber	
	sapiēns *Gen.* **sapient-is**	weise, klug, vernünftig	D/L Homo sapiens: wissenschaftliche Bezeichnung des heutigen Menschen
	īnsidiae, -ārum *f.* *(nur Pl.)*	Hinterhalt, Falle, Anschlag	
15	**cum** *Subj. m. Konj.*	als; weil; obwohl	cum *m. Abl.:* mit cum *als Subj. m. Indikativ:* als, als plötzlich
	damnum	Schaden	damnāre: verurteilen calamitās, calamitātis *f.:* Schaden, Unglück
	herba	Gras, Pflanze	D Herbarium: Sammlung gepresster Pflanzen
18	**adhibēre, adhibeō, adhibuī, adhibitum**	hinwenden; anwenden; hinzuziehen	vim adhibēre – Gewalt anwenden amīcam ad cōnsilium adhibēre – die Freundin um Rat fragen
	marītus	Ehemann	uxor, uxōris *f.* Ehefrau E married: verheiratet
	odium	Hass	Tarquinius virīs Rōmānīs erat odiō *(Dat. finalis).* – Tarquinius war den Römern verhasst. amor, amōris *m.:* Liebe
21	**praestāre, praestō, praestitī, –**	übertreffen; leisten; zeigen	Amārī **praestat** quam odiō esse. – **Es ist besser** geliebt als gehasst zu werden. officium praestāre – seine Pflicht erfüllen sē fortem praestāre – sich tapfer zeigen

	patī, patior, passus sum	leiden, ertragen, zulassen	**D** Patient
	nocēre, noceō, nocuī, nocitum	Unheil anrichten, schaden	ūsuī *(Dat.)* esse – nützlich sein
24	**sapientia**	Weisheit, Klugheit, Verstand	sapiēns: weise, klug, vernünftig
	onus, oner-is *n.*	Last	opus, operis *n.*: Arbeit, Werk
	plērīque, plēraeque, plēraque	die meisten	plērīque nostrum – die meisten von uns
27	**iungere, iungō, iūnxī, iūnctum**	verbinden, anschließen	pācem iungere – Frieden schließen **D** Kon**junktion** (**Binde**wort)
	invidia	Neid	invidia meī/tuī *(Gen.)* – Neid auf mich/dich
	placidus, -a, -um	ruhig, friedlich	
30	**subicere, subiciō, subiēcī, subiectum**	darunter legen; unterwerfen	conicere, coniciō, coniēcī, coniectum: werfen; vermuten
	ac (≈ atque)	*und*	
	quam *beim Positiv* *beim Komparativ* *beim Superlativ*	 wie als möglichst	 Quam altum est aedificium! – Wie hoch das Gebäude ist! Hic mōns altior est quam ille. – Dieser Berg hier ist höher als der da hinten. Gladiātōrēs quam ācerrimē certāre dēbent. – Die Gladiatoren müssen so erbittert kämpfen wie möglich.
33	**celer, -is, -e**	schnell	celeritās, celeritātis *f.*: Schnelligkeit
	parcere, parcō, pepercī, – *m. Dat.*	sparen; verschonen	Labōrī parce! – Spar dir die Mühe! parere, pariō, peperī, partum: hervorbringen; erwerben pārēre, pāreō, pāruī, –: gehorchen
	efficere, efficiō, effēcī, effectum	bewirken, herstellen, durchführen	facere, faciō, fēcī, factum: machen, tun perficere: vollenden, erreichen
36	**pōscere, pōscō, popōscī, –**	fordern, verlangen	postulāre: fordern
	diūtius *Adv.*	länger	diū *Adv.*: lange
	aliter *Adv.*	anders; sonst	nōn aliter quam – nicht anders als alius, alia, aliud: ein anderer
39	**certus, -a, -um** *Adv.* **certē / certō**	sicher, festgesetzt	amīcus certus – ein zuverlässiger Freund vir certus – ein bestimmter Mann nihil certī *(Gen.)* – nichts Sicheres

Wiederhole für Lektion 25:
appellāre: ansprechen; nennen – **canere,** canō, cecinī, –: singen, ertönen (lassen) – **concurrere,** concurrō, concurrī, concursum: zusammenlaufen, zusammenstoßen – **excitāre:** antreiben; erregen; aufwecken – **negāre:** verneinen, leugnen; verweigern – **sē praebēre:** sich zeigen – **significāre:** bezeichnen, bedeuten – **valēre:** gesund sein, stark sein; gelten – **bellum:** Krieg – **perītus,** -a, -um *m. Gen.*: erfahren – **apud** *m. Akk.*: bei – **māne** *Adv.*: früh, früh morgens

	aeger, aegra, aegrum	krank	aeger animō – betrübt aegrōtus, -a, -um: krank ager, agrī *m.*: Acker, Feld; Gebiet
	decem *(unveränderlich)*	zehn	
3	**continuus, -a, -um**	zusammenhängend, ununterbrochen	E to continue: weitermachen, weiterreden
	dī (≈ deī)	*die Götter*	
	māximē *Adv.*	am meisten, besonders	māximus, -a, -um: der größte, bedeutendste; sehr groß, sehr bedeutend minimē *Adv.*: keineswegs, überhaupt nicht
6	**fatērī, fateor, fassus sum**	bekennen, eingestehen	
	omnīnō *Adv.*	insgesamt, völlig, überhaupt	omnis, -is, -e: jeder, ganz; *(Pl.)* alle
	dīvīnus, -a, -um	göttlich	
9	**praeditus, -a, -um** *m. Abl.*	ausgestattet mit, begabt mit	summō ingeniō *(Abl.)* praeditus – hochbegabt
	audāx *Gen.* **audāc-is** *Adv.* **audācter**	frech, kühn	audācia: Mut; Frechheit audēre: wagen
	iste, ista, istud	dieser, diese, dieses (da)	
12	*reprehendere, reprehendō, reprehendī, reprehēnsum*	*tadeln*	Stammperfekt
	īmmō *Adv.*	im Gegenteil; sogar	etiam: auch; sogar
	āiō, ais, ait; –, –, āiunt	ich sage/sagte	inquam (inquit): ich sage/sagte (er/sie sagt/sagte)
15	**mentīrī, mentior, mentītus sum**	lügen	vērum dīcere: die Wahrheit sagen
	cōnscius, -a, -um *m. Gen.*	bewusst, mitwissend; *als Subst.*: Mitwisser, Zeuge	cōnscius cōnsiliōrum *(Gen.)* – in die Pläne eingeweiht scīre, sciō, scīvī, scītum: wissen
	aggredī, aggredior, aggressus sum	angreifen; herangehen	accēdere, accēdō, accessī, accessum: herangehen, hingehen D aggressiv
18	**obicere, obiciō, obiēcī, obiectum**	vorwerfen; entgegenwerfen	conicere, coniciō, coniēcī, coniectum: werfen; vermuten subicere, subiciō, subiēcī, subiectum: darunter legen, unterwerfen
	adīre, adeō, adiī, aditum *m. Akk.*	herantreten; bitten	ad- (hin- heran-) + īre (gehen) patrōnum adīre – den Patron bitten ōrāculum adīre – sich an ein Orakel wenden perīculum adīre – sich in Gefahr begeben
	frequēns *Gen.* **frequent-is**	zahlreich, häufig	D Frequenz: Häufigkeit
21	**concurrere, concurrō, concurrī, concursum**	zusammenlaufen, zusammenstoßen	

	illūstris, -is, -e	berühmt, ausgezeichnet	clārus, -a, -um: hell; berühmt
	cīvīlis, -is, -e	bürgerlich, öffentlich	bellum cīvīle – Bürgerkrieg cīvis, cīvis *m.*: Bürger cīvitās, cīvitātis *f.*: Staat, Gemeinde; Bürgerrecht
24	**versārī, versor, versātus sum**	sich aufhalten; sich mit etw. beschäftigen	in agrīs versārī – sich auf den Feldern aufhalten in artibus versārī – sich mit den Künsten beschäftigen
	disserere, disserō, disseruī, dissertum	sprechen, darlegen	
	iūstus, -a, -um	gerecht	**in**iūstus, -a, -um: **un**gerecht
27	**ōrātiō, ōrātiōn-is** *f.*	Rede	ōrātiōnem habēre – eine Rede halten ōrāre: bitten, erbitten; feierlich reden
	dissentīre, dissentiō, dissēnsī, dissēnsum	anderer Meinung sein, nicht übereinstimmen	
	cēnsēre, cēnseō, cēnsuī, cēnsum	meinen, einschätzen; beschließen	
30	**probus, -a, -um**	anständig, gut	probāre: prüfen; für gut befinden; beweisen **im**probus, -a, -um: schlecht, **un**anständig
	sentīre, sentiō, sēnsī, sēnsum	fühlen, wahrnehmen, meinen	sententia: Meinung; Spruch dissentīre, dissentiō, dissēnsī, dissēnsum: anderer Meinung sein, nicht übereinstimmen
	utrum … an …	… oder …?	an?: oder?; oder etwa?
33	**opīniō, opīniōn-is** *f.*	Meinung; guter Ruf	sententia: Meinung; Spruch **E** opinion
	honestus, -a, -um	ehrenhaft, angesehen; tugendhaft	honor honōris *m.*: Ehre; Ehrenamt
	mēns, ment-is *f.* *Gen. Pl.* **-ium**	Geist, Verstand; Gedanke	mihi in mentem venit – mir fällt ein mente captus – verrückt **E** mind **D** mental: gedanklich, geistig
36	**adeō** *Adv.*	so sehr	adeō: *1. Pers. Sg. Präs. von* adīre: ich trete heran, ich bitte
	nescīre, nesciō, nescīvī, –	nicht wissen	nesciō quid – „Ich weiß nicht, was" → irgendetwas nesciō quōmodo – „ich weiß nicht, wie" → irgendwie scīre, sciō, scīvī, scītum: wissen

Wiederhole für Lektion 26:
adesse, adsum, adfuī, – *m. Dat.*: jmdm. helfen – **administrāre:** verwalten, leiten – **carēre**, careō, caruī, – *m. Abl.*: entbehren, nicht haben – **comperīre**, comperiō, comperī, compertum: erfahren – **compertum habēre:** genau kennen – **exercēre**, exerceō, exercuī, exercitum: bewegen, üben – **hortārī**, hortor, hortātus sum: ermahnen, auffordern – **oportet**, oportuit: es ist nötig – **salūtem dīcere** *m. Dat.*: jmdn. grüßen – **impetus**, -ūs *m.*: Angriff, Schwung – **fidēlis**, -is, -e: treu, zuverlässig – **firmus**, -a, -um: stark, fest; zuverlässig – **prūdēns:** klug – **prīmum … deinde … dēnique …:** zuerst … dann … schließlich … – **eō modō:** auf diese Weise, so

	epistula	Brief	
	īnstāre, īnstō, īnstitī, – *m. Dat.*	bedrängen, bevorstehen	Bellum īnstat. – Ein Krieg droht. stāre, stō, stetī, –: stehen
3	**voluptās, voluptāt-is** *f.*	Vergnügen, Lust	dolor, dolōris *m.*: Schmerz velle, **volō**, **voluī**, –: wollen
	legere, legō, lēgī, lēctum	*lesen*	Dehnungsperfekt
	brevis, -is, -e	kurz	brevī (tempore) – bald
6	**actiō, actiōn-is** *f.*	Handlung; Gerichtsverhandlung	agere, agō, ēgī, **āctum**: tun, treiben, handeln
	voluntās, voluntāt-is *f.*	Wille, Absicht	velle, **volō**, **voluī**, –: wollen voluptās, voluptātis *f.*: Vergnügen, Lust
	modo Adv.	*nur;* gerade	
9	**cōnsentīre, cōnsentiō, cōnsēnsī, cōnsēnsum**	übereinstimmen; zustimmen	**Tēcum** cōnsentiō. – Ich stimme **dir** zu. sentīre, sentiō, sēnsī, sēnsum: fühlen, wahrnehmen, meinen dissentīre, dissentiō, dissēnsī, dissēnsum: anderer Meinung sein, nicht übereinstimmen D Konsens: Zustimmung
	ūtī, ūtor, ūsus sum *m. Abl.*	benutzen, gebrauchen	armīs *(Abl.)* ūtī – Waffen benutzen pāce *(Abl.)* ūtī – in Frieden leben ūsus, -ūs *m.*: Gebrauch; Nutzen; Übung
	cūrāre *m. Akk.*	sorgen für; pflegen	id cūrāre, ut/nē ... – dafür sorgen, dass/dass nicht cūra: Sorge, Pflege
12	**aliquis, aliquid/quis, quid**	(irgend-)jemand; (irgend-)etwas	aliquid bonī *(Gen.)* – etwas Gutes
	invidēre, invideō, invīdī, invīsum *m. Dat.*	beneiden, Böses wollen	Fortūnae tuae invideō. – Ich gönne dir dein Glück nicht. vidēre, videō, vīdī, vīsum: sehen
	philosophus	Philosoph	
15	**quisquam, quicquam**	(irgend-)jemand; (irgend-)etwas	neque quisquam – und/aber niemand
	cōnstāns *Gen.* **cōnstant-is**	beständig	D konstant
	philosophia	Philosophie	philosophus: Philosoph
18	**dēdere, dēdō, dēdidī, dēditum**	ausliefern, übergeben	trādere, trādō, trādidī, trāditum: übergeben, überliefern
	genus, gener-is *n.*	Abstammung, Geschlecht, Art	omnis generis arma *(Gen. qual.)* – Waffen jeder Art gēns, gentis *f.*: Stamm, Geschlecht, Familie
	ēvenīre, ēveniō, ēvēnī, ēventum	herauskommen; sich ereignen	ē(x)- (aus-, heraus-) + venīre (kommen) Bene ēvenit. – Es geht gut aus. ita ēvēnit, ut ... – so kam es, dass ...
21	**aetās, aetāt-is** *f.*	Lebensalter, Zeitalter	aetātem agere – sein Leben verbringen
	impedīmentum	Hindernis	impedīmenta *(Pl.)* – Gepäck impedīmentō *(Dat. finalis)* esse – ein Hindernis, sein, hinderlich sein

	studēre, studeō, studuī, – *m. Dat.*	sich bemühen um; sich geistig betätigen	artī *(Dat.)* studēre – sich mit einer Kunst beschäftigen rēbus novīs studēre – „nach neuen Verhältnissen streben" → einen Umsturz planen **E** to study
24	**dēsistere, dēsistō, dēstitī, –**	aufhören	bellō *(Abl.)* dēsistere – mit dem Krieg aufhören resistere, resistō, restitī, –: stehen bleiben; Widerstand leisten
	cupiditās, cupiditāt-is *f.*	Begierde, Leidenschaft	cupidus, -a, -um: begierig cupere, cupiō, cupīvī, cupitum: wünschen
	aequus, -a, -um	eben, gleich, gerecht	aequō animō – gleichmütig *Adv.* aequē – in gleicher Weise, ebenso iūstus, -a, -um: gerecht
27	**mōs, mōr-is** *m.*	Sitte, Brauch	mōrēs *(Pl.)* – Sitten; Charakter mōs maiōrum – die Sitte der Vorfahren mors, mortis *f.*: Tod
	magis *Adv.*	mehr, eher	potius *Adv.*: eher, lieber
	aptus, -a, -um	passend, geeignet	apertus, -a, -um: offen, offenkundig
30	**ēligere, ēligō, ēlēgī, ēlēctum**	auswählen	dīligere, dīligō, dīlēxī, dīlēctum: schätzen, lieben **E** election: Wahl
	sōlum *Adv.*	allein, nur	nōn sōlum ..., sed etiam ... – nicht nur ..., sondern auch ...
	item *Adv.*	ebenso	
33	**corrumpere, corrumpō, corrūpī, corruptum**	verderben, bestechen	**D** korrupt: bestechlich, moralisch verdorben
	necessārius, -a, -um *Adv.* **necessāriō**	notwendig; verwandt, befreundet	necessāria *(Pl.)* – Lebensmittel necesse est: es ist notwendig necessitās, necessitātis *f.*: Notwendigkeit; Notlage
	tertius, -a, -um	der, die, das dritte	trēs, trēs, tria: drei
36	**ōrdō, ōrdin-is** *m.*	Reihe, Ordnung; Stand	ōrdine – der Reihe nach
	aliquī, aliqua, aliquod/ quī, qua, quod	(irgend-)ein; *Pl.*: (irgend-) welche, einige	
	negōtium	Beschäftigung; Aufgabe	negōtia agere – Aufgaben erledigen negōtiīs *(Abl.)* carēre – keine Aufgaben haben → Freizeit haben
39	*vīvere, vīvō, vīxī, –*	*leben*	s-Perfekt

Wiederhole für Lektion 27:
manēre, maneō, mānsī, –: bleiben, warten; erwarten – **patī**, patior, passus sum: leiden, ertragen, zulassen – **prōvidēre**, prōvideō, prōvīdī, prōvīsum: vorhersehen; sorgen für – **sollicitāre:** beunruhigen, erregen – **cāsus**, -ūs *m.*: Fall, Zufall – **causa:** Grund; Angelegenheit; Prozess – **mēns**, mentis *f.*: Geist, Verstand; Gedanke – **mundus:** Welt, Weltall – **numerus:** Zahl, Menge – **ratiō**, ratiōnis *f.*: Grund, Vernunft; Art und Weise – **sōl**, sōlis *m.*: Sonne – **speciēs**, speciēī *f.*: Anblick, Aussehen – **sōlus**, -a, -um: allein – **quasi** *Adv./Subj.*: gleichsam; wie wenn, als ob – **scīlicet** *Adv.*: selbstverständlich, natürlich

	quīdam, quaedam, quoddam/quiddam	jemand, ein; *Pl.:* einige	quīdam Graecus – ein (bestimmter) Grieche quidem *Adv.:* zwar, jedenfalls
	fingere, fingō, fīnxī, fictum	gestalten, formen; sich ausdenken	**D** fiktiv: ausgedacht, erdichtet **E** science fiction
3	**trānquillus, -a, -um**	ruhig	trānquillō (marī) nāvigāre – bei ruhiger See segeln
	nātūra	Natur, Beschaffenheit, Wesen	dē nātūrā deōrum cōgitāre – über das Wesen der Götter nachdenken
	docēre, doceō, docuī, doctum	lehren, unterrichten	Magister mē linguam Latīnam docet. – Der Lehrer bringt mir Latein bei.
6	**īdem, eadem, idem**	derselbe	īdem atque – derselbe wie eadem quae – dasselbe wie item *Adv.:* ebenso **D** identifizieren
	occurrere, occurrō, occurrī, occursum	begegnen, entgegentreten	currere, currō, cucurrī, cursum: laufen, rennen
	dēclārāre	verkünden, deutlich machen	clārus, -a, -um: hell; berühmt **E** declaration: Erklärung
9	**praecipere, praecipiō, praecēpī, praeceptum**	vorschreiben, lehren	Tibi quiētem praecipiō. – Ich verordne dir Ruhe. praeceptum: Vorschrift recipere, recipiō, recēpī, receptum: annehmen, zurücknehmen
	aeternus, -a, -um	ewig	**E** eternity: Ewigkeit
	comprehendere, comprehendō, comprehendī, comprehēnsum	begreifen, ergreifen, festnehmen	intellegere, intellegō, intellēxī, intellēctum: verstehen, einsehen, bemerken
12	**īnsīgnis, -is, -e**	ausgezeichnet	īnsīgnis iniūria – ein unerhörtes Unrecht sīgnum: Zeichen
	carmen, carmin-is *n.*	Lied, Gedicht, Gebet	
	adiuvāre, adiuvō, adiūvī, adiūtum	*unterstützen, helfen*	Dehnungsperfekt
15	**perdere, perdō, perdidī, perditum**	verlieren, zugrunde richten	tempus perdere – Zeit verschwenden pergere, pergō, perrēxī, perrēctum: weitergehen, weitermachen
	mōtus, -ūs *m.*	Bewegung	movere, moveō, mōvī, mōtum: bewegen modus: Art und Weise; Maß
	morbus	Krankheit	
18	**paupertās, paupertāt-is** *f.*	Armut, einfache Lebensweise	

Unerfüllbare Wünsche
werden mit utinam oder vellem eingeleitet. Sie stehen im Lateinischen
- im **Konjunktiv Imperfekt** bei Bezug auf die **Gegenwart:** Utinam/Vellem omnēs hominēs vītam honestam **agerent!** – Wenn doch alle Menschen ein ehrbares Leben führen würden!
- im **Konjunktiv Plusquamperfekt** bei Bezug auf die **Vergangenheit:** Utinam/Vellem amīcī **adfuissent!** – Wenn die Freunde doch dagewesen wären!

adversus, -a, -um	entgegenstehend, feindlich	rēs adversae *(Pl.)* – Unglück secundus, -a, -um: der zweite, folgende; günstig
rēgnāre	herrschen, beherrschen; König sein	rēx, rēgis *m.*: König rēgnāre: herrschen, beherrschen; König sein
21 **cōgnōscere, cōgnōscō, cōgnōvī, cōgnitum**	kennen lernen, erkennen, erfahren	comperīre, comperiō, comperī, compertum: erfahren
iūcundus, -a, -um	angenehm	
similis, -is, -e *m. Gen./Dat.*	ähnlich	Filiae saepe patris *(Gen.)*/patrī *(Dat.)* similēs sunt. – Töchter sind häufig dem Vater ähnlich.
24 **fruī, fruor, fruitus sum** *m. Abl.*	genießen	pāce *(Abl.)* fruī – den Frieden genießen
falsus, -a, -um *Adv.* **falsō**	falsch	fallere, fallō, fefellī, –: betrügen, enttäuschen vērus, -a, -um: wahr, wirklich
prīncipium	Anfang, Ursprung	ā prīncipiō – von Anfang an
27 *regere, regō, rēxī, rēctum*	*lenken; beherrschen*	s-Perfekt
lūna	Mond	
sīdus, sīder-is *n.*	Stern, Sternbild	
30 **cōnsequī, cōnsequor, cōnsecūtus sum**	erreichen, nachfolgen	fugientem cōnsequī – einen Fliehenden einholen sequī, sequor, secūtus sum: folgen **D** konsequent: folgerichtig
imitārī, imitor, imitātus sum	nachahmen	**D** Imitation: Nachahmung
commemorāre	in Erinnerung bringen; erwähnen	memoria: Erinnerung, Gedächtnis
33 **prūdentia**	Klugheit	prūdēns: klug
vel	oder	vel … vel … – entweder … oder … aut: oder aut … aut … – entweder … oder …
colere, colō, coluī, cultum	pflegen, verehren	agrōs colere – die Felder bewirtschaften deōs colere – die Götter verehren
36 **secundum** *m. Akk.*	nach; entlang; gemäß	secundum flūmen – den Fluss entlang secundum lēgem – im Einklang mit dem Gesetz secundus, -a, -um: der zweite, folgende; günstig
mortālis, -is, -e	sterblich; *als Subst.*: Mensch	mors, mortis *f.*: Tod morī, morior, mortuus sum: sterben
immortālis, -is, -e	unsterblich, unvergänglich	immortālēs *(Pl.)* – die (unsterblichen) Götter

Wiederhole für Lektion 28:
egēre, egeō, eguī, – *m. Abl.*: brauchen, nötig haben – **loquī**, loquor, locūtus sum: sprechen, sagen – **ōrnāre:** schmücken – **praestāre**, praestō, praestitī, –: übertreffen; leisten; zeigen – **rērī**, reor, ratus sum: meinen – **solēre:** gewohnt sein, gewöhnlich etw. tun – **īgnis**, īgnis *m.*: Feuer – **lūmen**, lūminis *n.*: Licht – **manus**, -ūs *f.*: Hand; Schar – **opus**, operis *n.*: Arbeit, Werk – **sermō**, sermōnis *m.*: Gespräch – **vestis**, vestis *f.*: Kleidung, Gewand – **ēgregius**, -a, -um: ausgezeichnet – **domī** *Adv.*: zu Hause – **domō** *Adv.*: von Hause – **subitō** *Adv.*: plötzlich

Sachfeld „Religion"

Ordne zu: Welche Begriffe passen zu der Opferszene, welche zu der Vogelschau?
Manche gehören zu beiden!

sacer, sacra, sacrum – rēs futūrae – āra – prōvidēre – dea – īgnis – sacrificium facere – mōnstrum – auxilium deōrum spērāre – volāre – avis – deōs ōrāre – fātum – implōrāre – ōrāculum – aedēs – sacrificium – deus – sors

Sachfelder „Reden und Erklären" und „Nachdenken und Verstehen"

Ordne die Vokabeln den Sachfeldern „Reden und Erklären" und „Nachdenken und Verstehen" zu.

colloquium – arbitrārī – sentīre – prūdentia – clāmāre – lingua – cōgitāre – loquī – ōrātiō – comprehendere – sapientia – dīcere – dissentīre – sententia – putāre – vōx – disserere – mēns – fatērī – intellegere – sermō – nescīre – verbum – nōmināre – disputāre – probāre – respondēre – explicāre – scīre – cōgnōscere

„Reden und Erklären"

„Nachdenken und Verstehen"

	mulier, mulier-is *f.*	Frau	
	paucī, -ae, -a *(nur Pl.)*	wenige	nōnnūllī, -ae, -a: einige, manche plērīque, plēraeque, plēraque: die meisten
3	**dīves** *Gen.* **dīvit-is**	reich	dīvitiae, dīvitiārum *f. Pl.*: Reichtum
	nāscī, nāscor, nātus sum	geboren werden; entstehen	decem annōs nātus/nāta – zehn Jahre alt nātus/nāta – Sohn/Tochter orīrī, orior, ortus sum: sich erheben, entstehen
	praeesse, praesum, praefuī, – *m. Dat.*	leiten, verwalten	prae- (vor-, voran-) + esse (sein) nāvibus *(Dat.)* praeesse – eine Schiffsflotte befehligen magistrātuī praeesse – ein Amt bekleiden
6	**vetus** *Gen.* **veter-is**	alt	vetus praeceptum – eine alte Vorschrift novus, -a, -um: neu D Veteran: altgedienter, d. h. ehemaliger Soldat
	nōtus, -a, -um	bekannt	īgnōtus, -a, -um: **un**bekannt
	discere, discō, didicī, –	lernen, erfahren	dīcere, dīcō, dīxī, dictum: sagen, sprechen
9	**... causā** *m. Gen.*	wegen	discendī *(Gen.)* causā – um zu lernen causa: Grund; Angelegenheit; Prozess
	paulō *Adv.*	wenig, ein wenig	paulō post – wenig später paulō ante – kurz zuvor
	reditus, -ūs *m.*	Rückkehr	redīre, redeō, rediī, reditum: zurückkehren
12	**difficilis, -is, -e** *Adv.* **difficulter**	schwierig	facilis, -is, -e: leicht, einfach E difficult
	orbis, orb-is *m.* *Gen. Pl.* **-ium**	Kreis	orbis terrārum – der Erdkreis
	incertus, -a, -um	unsicher	certus, -a, -um: sicher, festgesetzt
15	**cum** *Subj. m. Ind.*	wenn; immer wenn	
	complūrēs, -ēs, -a *(nur Pl.)* *Gen. Pl.* **-ium**	mehrere	complūrēs diēs *(Akk.)* – mehrere Tage lang paucī, -ae, -a *(nur Pl.)*: wenige
	scrībere, scrībō, scrīpsī, scrīptum	*schreiben*	s-Perfekt
18	**cursus, -ūs** *m.*	Lauf	cursus vītae – Lebenslauf cursus honōrum – Ämterlaufbahn currere, currō, cucurrī, cursum: laufen, rennen
	libenter *Adv.*	gern	*Eselsbrücke:* „liebend gern“
	praefectus	Befehlshaber, Präfekt	
21	**inimīcus, -a, -um**	feindlich; *als Subst.*: Feind	hostis, hostis *m.*: Feind amīcus: Freund E enemy
	auctōritās, auctōritāt-is *f.*	Einfluss, Ansehen	Sōcratēs māgnā auctōritāte *(Abl. qual.)* erat. – Socrates war sehr angesehen. auctor, auctōris *m.*: Anführer; Verfasser grātia: Ansehen, Beliebtheit, Dank

	potēns *Gen.* **potent-is**	mächtig, stark	herbae potentēs – wirksame Kräuter posse, possum, potuī, –: können
24	**decet**	es gehört sich	Līberōs multa discere decet. – Kinder müssen viel lernen.
	precārī, precor, precātus sum	beten, bitten; wünschen	ōrāre: bitten, erbitten; feierlich sprechen optāre: wünschen
	nōvisse, nōvī, nōtum	wissen, kennen	Tē nōvī. – Ich kenne dich. nōtus, -a, -um: bekannt scīre, sciō, scīvī, scitum: wissen
27	**ēripere, ēripiō, ēripuī, ēreptum**	entreißen, herausreißen	ē(x)- (aus- heraus-) + rapere (rauben, reißen) arripere, arripiō, arripuī, arreptum: ergreifen, packen
	trahere, trahō, trāxī, tractum	*ziehen, schleppen*	s-Perfekt
	membrum	Körperteil, Glied	**E** member: Mitglied
30	**rumpere, rumpō, rūpī, ruptum**	zerbrechen, zerreißen	vincula rumpere – die Fesseln sprengen frangere, frangō, frēgī, frāctum: zerbrechen
	caedere, caedō, cecīdī, caesum	*fällen, töten*	Reduplikationsperfekt
	fēmina	Frau	mulier, mulieris *f.*: Frau
33	**tamquam**	*als Adv.*: wie *als Subj.*: als ob	*als Adv.*: Rōmulus post mortem **tamquam** deus colebātur. – Romulus wurde nach seinem Tod **wie** ein Gott verehrt. *als Subj.*: Imperātōrēs Rōmānī colebantur, **tamquam** deī fuissent. – Die römischen Kaiser wurden verehrt, **als ob** sie Götter gewesen wären. ut *m. Indikativ*: wie quasi *Adv./Subj.*: gleichsam; wie wenn; als ob quamquam *Subj.*: obwohl
	pauper *Gen.* **pauper-is**	arm	paupertās, paupertātis *f.*: Armut, einfache Lebensweise dīves, *Gen.* dīvitis: reich
	admīrārī, admīror, admīrātus sum	bewundern; staunen	mīrārī, mīror, mīrātus sum: sich wundern; bewundern
36	**maestus, -a, -um**	traurig	laetus, -a, -um: fröhlich trīstis, -is, -e: traurig

Wiederhole für Lektion 29:
cēnsēre, cēnseō, cēnsuī, cēnsum: meinen, einschätzen; beschließen – **commovēre,** commoveō, commōvī, commōtum: bewegen, veranlassen – **contendere,** contendō, contendī, contentum: sich anstrengen; eilen; behaupten – **dubitāre:** zweifeln, zögern – **metuere,** metuō, metuī, –: fürchten, sich fürchten – **minuere,** minuō, minuī, minūtum: vermindern, verringern – **operam dare:** sich Mühe geben – **pōscere,** pōscō, popōscī, –: fordern, verlangen – **trāicere,** trāiciō, trāiēcī, trāiectum: hinüberbringen; überqueren – **facinus,** facinoris *n.*: Handlung, Tat; Untat, Verbrechen – **mūnus,** mūneris *n.*: Aufgabe, Amt; Geschenk; Festspiel – **ōs,** ōris *n.*: Mund; Gesicht – **praeda:** Beute – **alter,** altera, alterum: der eine/der andere (von zweien) – **priusquam:** bevor

novem *(unveränderlich)*	neun	novus, -a, -um: neu
cōnficere, cōnficiō, cōnfēcī, cōnfectum	herstellen, beenden	vulneribus cōnfectus – von Wunden geschwächt perficere, perficiō, perfēcī, perfectum: vollenden; erreichen
3 **comparāre**	vorbereiten, beschaffen	sibi auctōritātem comparāre – sich Einfluss verschaffen exercitum comparāre – ein Heer aufstellen parāre: vorbereiten
legiō, legiōn-is *f.*	Legion	
obstāre, obstō, obstitī, –	entgegenstehen, hinderlich sein	ob- (gegen-, entgegen-) + stāre (stehen)
6 **potentia**	Macht	potēns, *Gen.* potentis: mächtig, stark
dignitās, dignitāt-is *f.*	Würde, Ansehen	
amīcitia	Freundschaft	amīcus/amīca: Freund/Freundin odium: Hass
9 **adipīscī, adipīscor, adeptus sum**	erlangen	Caesar summōs honōrēs adeptus est. – Caesar hat höchste Auszeichnungen erlangt.
stīpendium	Sold	
augēre, augeō, auxī, auctum	vermehren, vergrößern	audēre: wagen
12 **circā** *m. Akk.*	um … herum	circā eandem hōram – etwa zur selben Stunde circum *m. Akk.*: in der Umgebung von, um … herum
dōnāre	schenken, beschenken	servōs lībertāte dōnāre – „die Sklaven mit der Freiheit beschenken" → den Sklaven die Freiheit schenken dōnum: Geschenk
studium	Eifer, Beschäftigung	studēre: sich bemühen um; sich geistig betätigen D Studium
15 **prōvincia**	Provinz	
concēdere, concēdō, concessī, concessum	nachgeben, zugestehen	
dīmittere, dīmittō, dīmīsī, dīmissum	aufgeben, entlassen	exercitum dīmittere – das Heer entlassen occāsiōnem dīmittere – eine Gelegenheit ungenutzt lassen mittere, mittō, mīsī, missum: schicken; loslassen; werfen
18 **ultimus, -a, -um**	der letzte, der äußerste	prīmus, -a, -um: der erste
ops, op-is *f.*	Macht; Hilfe	summā ope – mit aller Macht opēs *(Pl.)* – Streitkräfte; Mittel, Vermögen inopia: Mangel, Not
cōnārī, cōnor, cōnātus sum	versuchen	
21 *incipere, incipiō, coepī, inceptum*	*anfangen*	

	poēta *m.*	Dichter	*Genus beachten:* poeta doct**us** *(m.)* – ein gelehrter Dichter
	… **grātiā** *m. Gen.*	wegen	exemplī *(Gen.)* grātiā – zum Beispiel videndī *(Gen.)* grātiā – um zu schauen … causā *m. Gen.*: wegen grātia: Ansehen, Beliebtheit; Dank
24	**violāre**	verletzen	templum violāre – einen Tempel entweihen E violence: Gewalt
	pietās, pietāt-is *f.*	Pflichtgefühl, Frömmigkeit	pietās in parentēs – Zuneigung zu den Eltern pietās in rem pūblicam – Verbundenheit mit dem Staat pius, -a, -um: pflichtbewusst, fromm
	praemittere, praemittō, praemīsī, praemissum	vorausschicken	prae- (vor-, voran-) + mittere (schicken)
27	**clam** *Adv.*	heimlich	*Eselsbrücke:* „klammheimlich“
	cohors, cohort-is *f. Gen. Pl.* **-ium**	Gefolge, Kohorte	
	interesse, intersum, interfui, – *m. Dat.*	dazwischen sein, teilnehmen	Flūmen interest. – Dazwischen liegt ein Fluss. Cōnsiliō *(Dat.)* interfuit. – Er hat an der Beratung teilgenommen. Nihil interest. – Es macht keinen Unterschied. D Interesse
30	**suspīciō, suspīciōn-is** *f.*	Verdacht	suscipiōnem movēre – Verdacht erregen suspicārī: vermuten, einen Verdacht haben
	noctū *Adv.*	bei Nacht	nox, noctis *f.*: Nacht
	currus, -ūs *m.*	Wagen	
33	**ingredī, ingredior, ingressus sum**	hineingehen, betreten	iter ingredī – einen Weg einschlagen inīre, ineō, iniī, initum: hineingehen; anfangen aggredī, aggredior, aggressus sum: angreifen; herangehen
	paulum	ein wenig	paulō *Adv.*: wenig, ein wenig
	rīpa	Ufer	
36	*stāre, stō, stetī, –*	*stehen*	Reduplikationsperfekt
	pergere, pergō, perrēxī, perrēctum	*weitergehen, weitermachen*	s-Perfekt
	iacere, iaciō, iēcī, iactum	werfen	obicere, obiciō, obiēcī, obiectum: vorwerfen; entgegenwerfen iacēre, iaciō: liegen

Wiederhole für Lektion 30:
arcessere, arcessō: holen – **dēcernere,** dēcernō, dēcrēvī, dēcrētum: entscheiden, beschließen – **honōrēs habēre** *m. Dat.:* jmdm. Ehre erweisen – **imminēre:** drohen, bevorstehen – **mē praeterit:** mir entgeht (etwas) – **restituere,** restituō, restituī, restitūtum: wiederherstellen – **nōbīs poenam solvere:** „an uns Strafe zahlen“ → von uns bestraft werden – **tenēre:** haben, festhalten – **audācia:** Mut; Frechheit – **honor,** honōris *m.:* Ehre; Ehrenamt – **imperium:** Befehl; Herrschaft; Reich – **māiōrēs,** māiōrum *m.:* Vorfahren – **vitium:** Fehler – **incrēdibilis,** -is, -e: unglaublich – **adhūc** *Adv.:* noch, bis jetzt – **eō** *Adv.:* hierhin; dorthin – **igitur** *Adv.:* also

	cōnscrībere, cōnscrībō, cōnscrīpsī, cōnscrīptum	aufschreiben, verfassen	patrēs cōnscrīptī – Senatoren scrībere, scrībō, scrīpsī, scrīptum: schreiben
	sērō *Adv.*	spät, zu spät	
3	**turpis, -is, -e**	hässlich, schändlich	pulcher, pulchra, pulchrum: schön, hübsch honestus, -a, -um: ehrenhaft, angesehen; tugendhaft
	fortūnae *(Pl.)*	Besitz, Vermögen	fortūna: Schicksal, Glück
	praeter *m. Akk.*	außer	omnēs praeter Caeciliam – alle außer Caecilia praeter spem – wider Erwarten praeter castra – am Lager vorbei
6	**libīdō, libīdin-is** *f.*	Begierde, Genusssucht	cupiditās, cupiditātis *f.*: Begierde, Leidenschaft libenter *Adv.*: gern
	crūdēlitās, crūdēlitāt-is *f.*	Grausamkeit	crūdēlis, -is, -e: grausam
	compōnere, compōnō, composuī, compositum	zusammenstellen; ordnen	bellum compōnere – den Krieg beilegen pōnere, pōnō, posuī, positum: setzen, stellen, legen D Kompositum: zusammengesetztes Wort
9	**ūtilis, -is, -e**	nützlich, brauchbar	ūtī, ūtor, ūsus sum: benutzen, gebrauchen ūsus, -ūs *m.*: Gebrauch; Nutzen; Übung
	ferōx *Gen.* **ferōc-is**	wild	
	ferre, ferō, tulī, lātum	tragen; ertragen; berichten	lēgem ferre – ein Gesetz beschließen iniūriam ferre – ein Unrecht ertragen aegrē ferre aliquid – über etwas ärgerlich sein
12	*utrum ... an ... ?*	*... oder ... ?*	
	servīre, serviō, servīvī, servītum	dienen	servus/serva: Sklave/Sklavin servāre: retten, bewahren
	quārē	wodurch, warum; daher	*entstanden aus:* quā rē – „durch welche Sache"
15	**servitūs, servitūt-is** *f.*	Sklaverei	servire, serviō, servīvī, servītum: dienen
	praeferre, praeferō, praetulī, praelātum	vorziehen; vorantragen	prae- (vor-, voran-) + ferre (tragen; ertragen; berichten) mortem servitūtī *(Dat.)* praeferre – den Tod der Sklaverei vorziehen
	perferre, perferō, pertulī, perlātum	durchführen; ertragen; berichten	per- (durch-) + ferre (tragen; ertragen; berichten) patī, patior, passus sum: leiden, ertragen, zulassen
18	**nimius, -a, -um**	zu groß, zu viel	nimiā cupiditāte *(Abl.)* – aus unmäßiger Gier
	īgnōrāre	nicht wissen, nicht kennen	nōn īgnōrō – ich weiß genau nescīre, nesciō, nescīvī, –: nicht wissen īgnōtus, -a, -um: unbekannt
	perspicere, perspiciō, perspēxī, perspectum	durchschauen; erkennen	aspicere, aspiciō, aspēxī, aspectum: anschauen cōnspicere, cōnspiciō, cōnspēxī, conspectum: erblicken D Perspektive: Blickwinkel; Aussicht für die Zukunft

21	**īnferre, īnferō, intulī, illātum**	hineintragen	in- (hinein-) + ferre (tragen; ertragen; berichten) Cīvibus *(Dat.)* iniūriās infert. – Er fügt den Bürgern Unrecht zu. Bellum hostibus intulit. – „Er hat den Feinden Krieg hineingetragen." → Er griff die Feinde an.
	acerbus, -a, -um	scharf, bitter	odium acerbum – bitterer Hass ācer, ācris, ācre: scharf, energisch
	numerāre	zählen	inter hostēs numerāre – zu den Feinden zählen numerus: Zahl, Menge
24	**etiamsī**	auch wenn	etiam: auch; sogar sī: wenn, falls
	āvertere, āvertō, āvertī, āversum	abwenden, abwehren	perīculum āvertere – eine Gefahr abwenden āvertuntur – sie wenden sich ab convertere, convertō, convertī, conversum: umwenden, verändern
	adulēscēns, adulēscent-is *m.* *Gen. Pl.* **-ium**	jung; *als Subst.:* junger Mann	
27	**furor, furōr-is** *m.*	Wut, Raserei	furōre excitātus – aus Wut
	ārdēre, ārdeō, ārsī, –	brennen	
	sponte	„aus eigenem Antrieb"	meā/tuā/suā sponte – freiwillig
30	*arcessere, arcessō, arcessīvī, arcessītum*	*holen*	v-Perfekt
	prīvātus, -a, -um *Adv.* **prīvātim**	privat, persönlich	
	ideō *Adv.*	daher	
33	**offerre, offerō, obtulī, oblātum**	anbieten	o(b)- (gegen-, entgegen-) + ferre (tragen; ertragen) offerrī *(Inf. Pass.)* – begegnen **E** to offer
	per m. Akk.	*durch*; bei	Per Iovem! – Bei Jupiter!
	differre, differō, distulī, dīlātum	aufschieben; sich unterscheiden	rem in aliud tempus differre – die Angelegenheit auf einen anderen Zeitpunkt verschieben Caesar et Pompēius valdē inter sē differunt. – Caesar und Pompeius sind sehr verschieden. **D** Differenz
36	**referre, referō, rettulī, relātum**	zurückbringen; berichten	re- (zurück-) + ferre (tragen; ertragen; berichten) sē referre: sich zurückziehen

Wiederhole für Lektion 31:
claudere, claudō, clausī, clausum: schließen; einschließen – **cōgere**, cōgō, coēgī, coāctum: versammeln; zwingen – **expōnere**, expōnō, exposuī, expositum: aussetzen; darlegen – **īnstituere**, īnstituō, īnstituī, īnstitūtum: beginnen, einrichten, unterrichten – **interīre**, intereō, interiī, interitum: untergehen; umkommen – **parere**, pariō, peperī, partum: hervorbringen; erwerben – **subicere**, subiciō, subiēcī, subiectum: darunter legen; unterwerfen – **lēx**, lēgis *f.*: Gesetz; Bedingung – **marītus:** Ehemann – **mōs**, mōris *m.*: Sitte, Brauch – **voluptās**, voluptātis *f.*: Vergnügen, Lust – **id mihi curae** *(Dat. finalis)* **est:** das ist mir wichtig – **honestus**, -a, -um: ehrenhaft, angesehen; tugendhaft – **tālem in modum:** auf diese Weise – **terrā marīque:** zu Wasser und zu Land

	antequam *Subj.*	bevor	priusquam: bevor postquam: nachdem
	concordia	Eintracht, Harmonie	Victōria concordiā *(Abl.)* crēscit. – Der Sieg erwächst aus Eintracht.
3	**adicere, adiciō, adiēcī, adiectum**	hinzufügen	obicere, obiciō, obiēcī, obiectum: vorwerfen; entgegenwerfen subicere, subiciō, subiēcī, subiectum: darunter legen; unterwerfen **D** Adjektiv
	ob *m. Akk.*	vor; wegen	ob oculōs versārī – vor den Augen stehen quam ob rem – „wegen dieser Sache“ → weswegen, deswegen
	revocāre	zurückrufen	re- (zurück-) + vocāre (rufen; nennen)
6	**tollere, tollō, sustulī, sublātum**	hochheben, aufheben; beseitigen	clāmōrem tollere – Geschrei erheben lēge sublātā – nach der Aufhebung des Gesetzes
	sēditiō, sēditiōn-is *f.*	Aufstand	sēditiō mīlitum – Soldatenaufstand
	mālle, mālō, māluī, –	lieber wollen	Fugere quam pūgnāre māvult. – Er will lieber fliehen als kämpfen.
9	**suscipere, suscipiō, suscēpī, susceptum**	übernehmen, unternehmen	sub- (unter-) + capere (fassen, nehmen, fangen) causam suscipere – einen Prozess übernehmen labōrem suscipere – Mühe auf sich nehmen
	exter, extera, exterum	auswärtig	ē, ex *m. Abl.:* aus; seit
	nātiō, nātiōn-is *f.*	Volk, Volksstamm	**E** nation
12	**cōnservāre**	bewahren	ordinem cōnservāre – die Reihenfolge beibehalten **D** konservieren: haltbar machen
	fīnīre, fīniō, fīnīvī, fīnītum	beenden	fīnis, fīnis *m.:* Grenze, Ende; *Pl.:* Gebiet **E** to finish
	lūxuria	Genusssucht, Luxus	**D** Luxus
15	**nōlle, nōlō, nōluī, –**	nicht wollen	Nōlī timēre! – Fürchte dich nicht! velle, volō, voluī, –: wollen mālle, mālō, māluī, –: lieber wollen
	committere, committō, commīsī, commissum	veranstalten, begehen; anvertrauen	lūdōs committere – Zirkusspiele veranstalten facinus committere – ein Verbrechen begehen nōn committō, ut ... – ich erlaube nicht, dass ...
	flāgitium	Schande, Untat	facinus, facinoris *n.:* Handlung, Tat; Untat, Verbrechen
18	*ā, ab m. Abl.*	*von, von ... her,* seit	ab urbe conditā: seit Gründung der Stadt (Rom)
	nōbilis, -is, -e	berühmt, vornehm	nōbilī genere nātus/-a – von adeliger Abstammung nōbilitās, nōbilitātis *f.:* Adel
	appetere, appetō, appetīvī, appetītum	haben wollen, erstreben; angreifen	rēgnum appetere – nach der Alleinherrschaft streben petere, petō, petīvī, petītum: (auf-)suchen; angreifen; bitten, verlangen **D** Appetit

21	**licentia**	Willkür, Zügellosigkeit	
	praetereā *Adv.*	außerdem	praeter *m. Akk.*: außer
	crīmen, crīmin-is *n.*	Beschuldigung; Schuld, Verbrechen	Hoc tibi crīminī *(Dat. finalis)* dō. – Das werfe ich dir vor.
24	**rogāre**	fragen, bitten	interrogāre: fragen
	oblīvīscī, oblīvīscor, oblītus sum *m. Gen.*	vergessen	**Tuī** *(Gen.)* oblītus sum. – Ich habe **dich** vergessen.
	equidem	(ich) meinerseits, (ich) allerdings	quidem *Adv.*: zwar, jedenfalls
27	**meminisse, meminī, –** *m. Gen.*	sich erinnern, gedenken	Meminit **meī** *(Gen.)*. – Sie denkt an **mich.** commemorāre: in Erinnerung bringen; erwähnen memoria: Erinnerung, Gedächtnis
	recēns *Gen.* **recent-is**	frisch, neu	**E** recently: vor kurzem, neulich
	opprimere, opprimō, oppressī, oppressum	unterdrücken, überfallen	**Timōre oppressa** loquī nōn potuit. – **Vor Angst** konnte sie nicht sprechen.
30	**redūcere, redūcō, redūxī, reductum**	zurückführen, zurückziehen	re- (zurück-) + dūcere (führen; glauben, halten für) ēdūcere, ēdūcō, ēdūxī, ēductum: herausführen
	eques, equit-is *m.*	Reiter, Ritter	equus: Pferd
	coniūnx, coniug-is *m./f.*	Gatte, Gattin	
33	**implēre, impleō, implēvī, implētum**	anfüllen, ausfüllen	officium implēre – eine Pflicht erfüllen implōrāre – anflehen, erflehen
	ferus, -a, -um	wild	ferōx, *Gen.*: ferōcis: wild saevus, -a, -um: wild, wütend; schrecklich
	verērī, vereor, veritus sum	fürchten, sich scheuen; achten	vereor, nē ... – ich fürchte, dass ... Vereor vērum dīcere. – Ich scheue mich die Wahrheit zu sagen. deōs verērī – die Götter achten versārī, versor, versātus sum: sich aufhalten; sich mit etw. beschäftigen
36	**cōnfirmāre**	stärken, bekräftigen, versichern	firmus, -a, -um: stark, fest; zuverlässig **E** to confirm **D** Konfirmation

Wiederhole für Lektion 32:
āmittere, āmittō, āmīsī, āmissum: verlieren, aufgeben – **cēdere,** cēdō, cessī, cessum: gehen; nachgeben – **commemorāre:** in Erinnerung bringen; erwähnen – **dēcipere,** dēcipiō, dēcēpī, dēceptum: betrügen – **fungī,** fungor, fūnctus sum *m. Abl.:* ausüben – **īnstruere,** īnstruō, īnstrūxī, īnstrūctum: aufstellen; ausrüsten; unterrichten – **interficere,** interficiō, interfēcī, interfectum: töten – **nocēre:** Unheil anrichten, schaden – **auctor,** auctōris *m.:* Anführer; Verfasser – **dignitās,** dignitātis *f.:* Würde, Ansehen – **dolor,** dolōris *m.:* Schmerz – **metus,** -ūs *m.:* Angst – **orbis,** orbis *m.:* Kreis – **commūnis,** -is, -e: gemeinsam, allgemein, üblich – **uterque,** utraque, utrumque: jeder (von zweien); beide – **aliter** *Adv.:* anders; sonst

	complēre, compleō, complēvī, complētum	ausfüllen, erfüllen	dolōre complētus – voller Schmerz implēre, impleō, implēvī, implētum: anfüllen, ausfüllen
	contingere, contingō, contigī, contactum	berühren; zuteil werden	contingit, ut ... – es gelingt, dass ...
3	**fierī, fīō, factus sum**	geschehen, gemacht werden	ita fit, ut ... – so kommt es, dass ... facere, faciō, fēcī, factum: machen, tun
	iussū *Adv.*	auf Befehl	iubēre, iubeō, iūssī, iussum: auffordern, befehlen
	cōnfīdere, cōnfīdō, cōnfīsus sum	*vertrauen*	
6	**ulcīscī, ulcīscor, ultus sum**	rächen, strafen	patrem ulcīscī – für den Vater Rache nehmen iniūriam ulcīscī – ein Unrecht rächen
	industria	Fleiß	summā cum industriā – mit höchstem Fleiß
	vindicāre	in Anspruch nehmen; bestrafen	Praedam sibi vindicāvērunt. – Sie nahmen die Beute für sich in Anspruch.
9	**accūsāre**	anklagen	sceleris *(Gen.)* accūsārī – wegen eines Verbrechens angeklagt werden
	amplus, -a, -um	geräumig; bedeutend	virī amplissimī – hochbedeutende Männer amplius *Adv.* – mehr
	agitāre	betreiben; erwägen	agere, agō, ēgī, āctum: tun, treiben, handeln
12	**patrius, -a, -um**	väterlich	patria: Vaterland
	audēre, audeō, ausus sum	*wagen*	
	supplicium	Todesstrafe	damnātīs *(Dat.)* supplicium sūmere – an den Verurteilten die Todesstrafe vollziehen
15	**cōnferre, cōnferō, contulī, collātum**	zusammenbringen; vergleichen; beitragen	Domum sē contulit. – Sie begab sich nach Hause. rēs parvās māgnīs *(Dat.)* cōnferre – kleine Dinge mit großen vergleichen ferre, ferrō, tulī, lātum: tragen; berichten D Konferenz: Zusammenkunft zur Beratung
	adventus, -ūs *m.*	Ankunft	
	revertī, revertor, revertī, reversum	zurückkehren	redīre, redeō, rediī, reditum: zurückkehren āvertere, āvertō, āvertī, āversum: abwenden, abwehren
18	*gaudēre, gaudeō, gāvīsus sum*	*sich freuen*	
	cum Subj. m. Konj. *cum Subj. m. Ind.* **tum, cum**	*als; weil; obwohl* *als, als plötzlich; immer wenn* damals, als	
	pendēre, pendeō, pependī, –	*hängen, herabhängen*	
21	**discēdere, discēdō, discessī, discessum**	auseinander gehen; weggehen	dis- (auseinander-, weg-) + cēdere (gehen; nachgeben) accēdere, accēdō, accessī, accessum: herangehen, hingehen
	subsidium	Hilfe	auxilium: Hilfe

	frūctus, -ūs *m.*	Frucht; Nutzen	
24	**ōrnāmentum**	Schmuck	ōrnāre: schmücken
	absēns *Gen.* **absent-is**	abwesend	mātre absente – in Abwesenheit der Mutter
	dēfendere, dēfendō, dēfendī, dēfēnsum	*abwehren, verteidigen*	Stammperfekt
27	**assequī, assequor, assecūtus sum**	erreichen	sequī, sequor, secūtus sum: folgen cōnsequī, cōnsequor, cōnsecūtus sum: erreichen, nachfolgen
	beneficium	Wohltat	**D** Benefizveranstaltung
	iūdicium	Urteil, Gericht	iūdicāre: urteilen, entscheiden, beurteilen
30	**invītus**	gegen den Willen	mē invītō – gegen meinen Willen
	praesēns *Gen.* **praesent-is**	anwesend	absēns, *Gen.*: absentis: abwesend
	supplex *Gen.* **supplic-is**	demütig bittend	
33	**tractāre**	herumzerren; behandeln	trahere, trahō, trāxī, tractum: ziehen, schleppen
	excipere, excipiō, excēpī, exceptum	aufnehmen; eine Ausnahme machen	capere, capiō, cēpī, captum: fassen, nehmen, fangen
	querī, queror, questus sum	klagen, sich beschweren	quaerere, quaerō, quaesīvī, quaesītum: suchen; fragen
36	**nōscere, nōscō, nōvī, nōtum**	kennen lernen, erkennen	Nōsce tē ipsum! – Erkenne dich selbst! cōgnōscere, cōgnōscō, cōgnōvī, cōgnitum: kennen lernen, erkennen, erfahren nōvisse: wissen, kennen
	quiētus, -a, -um	ruhig	quiēs, quiētis *f.*: Ruhe, Erholung **E** quiet
	suādēre, suādeō, suāsī, suāsum *m. Dat.*	überreden, raten	persuādēre, persuādeō, persuāsī, persuāsum: überreden; überzeugen
39	*solēre, soleō, solitus sum*	*gewohnt sein, gewöhnlich etwas tun*	
	laedere, laedō, laesī, laesum	verletzen, beleidigen	fidem laedere – die Treue brechen violāre: verletzen
	tuērī, tueor, tutātus sum	anschauen; beschützen	tūtus, -a, -um: sicher, geschützt
42	**levis, -is, -e**	leicht	gravis, -a, -um: schwer, ernst

Wiederhole für Lektion 33:
concēdere, concēdō, concessī, concessum: nachgeben, zugestehen – **cōnsulere**, cōnsulō, cōnsuluī, cōnsultum: um Rat fragen, beraten; beschließen; sorgen für – **mihi placet:** (mir gefällt), ich beschließe – **postulāre:** fordern – **sē referre:** sich zurückziehen – **sentīre**, sentiō, sēnsī, sēnsum: fühlen, wahrnehmen; meinen – **statuere**, statuō, statuī, statūtum: aufstellen; festsetzen, beschließen – **fīnis**, fīnis *m.*: Grenze, Ende; *Pl.*: Gebiet – **stipendium:** Sold – **quīdam**, quaedam, quoddam/quiddam: jemand, ein; *Pl.*: einige – **aequus**, -a, -um: eben, gleich, gerecht – **dūrus**, -a, -um: hart – **frequēns:** zahlreich, häufig – **tardus**, -a, -um: langsam

Sachfeld „römische Republik“

Nach der Vertreibung des Königs Tarquinius unter der Führung von L. Iunius Brutus war Rom eine Republik; im Comitium vor der Kurie auf dem Forum Romanum trafen sich die Männer, die die Macht ausübten. – Schau dir die Wörter an und schreibe nur die Wörter, die zur römischen Republik passen, auf die Schreibzeilen.

eques – hospes – rēgnum – aciēs – rēs pūblica – regiō – mundus – auctōritās – patrēs cōnscriptī – lībertās – senātus – cīvitās – vestis –cōnsul – rēx – cursus honōrum – ōrāculum – exemplum – saxum – fātum – certāmen – populus – genus – magistrātus – tyrannus – mūnus – comitia – nōbilitās – paupertās – cīvis – poena – regere – senātor – sepulcrum

	Germānicus, -a, -um	germanisch	E german
	nūper *Adv.*	neulich, vor kurzem	
3	**dēdūcere, dēdūcō, dēdūxī, dēductum**	hinführen, wegführen	dūcere, dūcō, dūxī, ductum: führen; glauben, halten für
	mīlitāris, -is, -e	militärisch	rēs mīlitāris – Kriegswesen E military
	oppidum	Stadt	urbs, urbis *f.*: Stadt
6	**mīlitia**	Kriegsdienst	domī mīlitiaeque – in Krieg und Frieden
	sustinēre, sustineō, sustinuī, –	aushalten	suscipere, suscipiō, suscēpī, susceptum: übernehmen, unternehmen suspicārī, suspicor, suspicātus sum: vermuten, einen Verdacht haben
	miseria	Unglück, Elend	miser, misera, miserum: arm, unglücklich
9	**asper, aspera, asperum**	rau; streng	
	iuvenis, iuven-is *m.*	junger Mann; *als Adj.*: jung	adulēscēns, adulēscentis *m.*: jung; junger Mann
	situs, -a, um	liegend, gelegen	templum in monte situm – der Tempel auf dem Berg
12	**īrātus, -a, -um**	zornig	īra: Zorn
	vulnerāre	verwunden, verletzen	vulnus, vulneris *n.*: Wunde violāre: verletzen laedere, laedō, laesī, laesum: verletzen, beleidigen
	vallum	Wall	
15	**amnis, amn-is** *m.* *Gen. Pl.* **-ium**	Fluss, Strom	flūmen, flūminis *n.*: Fluss
	Gallicus, -a, -um	gallisch	
	occupāre	besetzen, einnehmen	occupātus in epistulīs scrībendīs *(Abl.)* – mit Briefschreiben beschäftigt
18	**mūnītiō, mūnītiō-nis** *f.*	Bau, Befestigung	mūnīre, mūniō, mūnīvī, mūnītum: schützen, befestigen
	undique *Adv.*	von allen Seiten; überall	ubīque *Adv.*: überall unde: woher
	nimis/nimium *Adv.*	zu sehr; überaus	nimius, -a, -um: zu groß, zu viel
21	**levāre**	heben; erleichtern	cūrīs *(Abl.)* levāre – von Sorgen befreien levis, -is, -e: leicht

Menge/Anzahl

nēmō, nēminis: niemand – **ūnus**, -a, -um: einer; ein einziger – **paucī**, -ae, -a: wenige – **nōnnūllī**, -ae, -a: einige, manche – **complūrēs**, -ēs, -a: mehrere – **multī**, -ae, -a: viele – **plērīque**, plēraeque, plēraque: die meisten – **plūrimī**, -ae, -a: sehr viele, die meisten – **omnēs**, -ēs, -ia: alle – **cūnctī**, -ae, -a: alle

	angustus, -a, -um	eng, knapp	
	coercēre, coerceō, coercuī, coercitum	zusammenhalten, zügeln	sēditiōnem coercēre – einen Aufstand unterdrücken cōgere, cōgō, coēgī, coāctum: versammeln; zwingen
24	**dīvus, -a, -um**	göttlich, vergöttlicht	dīvīnus, -a, -um: göttlich deus: Gott dīves, *Gen.:* dīvitis: reich
	prōmittere, prōmittō, prōmīsī, prōmissum	versprechen	**E** to promise
	tunc *Adv.*	dann, damals	tum *Adv.:* da, dann, damals nunc *Adv.:* nun, jetzt
27	**potīrī, potior, potītus sum** *m. Gen./Abl.*	erlangen	rērum *(Gen.)* potīrī – die Macht ergreifen urbe *(Abl.)* potīrī – die Stadt einnehmen adipīscī, adipīscor, adeptus sum: erlangen
	prīnceps, prīncip-is *m.*	der Erste, Anführer, Kaiser	**D** Prinz
	prōdere, prōdō, prōdidī, prōditum	überliefern; verraten	posterīs prōdere – der Nachwelt überliefern fidem in principem prōdere – die Treue zum Kaiser verraten dare, dō, dedī, datum: geben
30	**tribūnus**	Tribun	tribūnus mīlitum – Militärtribun, Oberst
	lēgātus	Unterfeldherr; Gesandter	
	prōgredī, prōgredior, prōgressus sum	vorrücken, weitergehen	vir aetāte prōgressus – ein Mann in fortgeschrittenem Alter aggredī, aggredior, aggressus sum: angreifen; herangehen ingredī, ingredior, ingressus sum: hineingehen, betreten
33	**pudor, pudōr-is** *m.*	Scham; Anstand	
	flectere, flectō, flexī, flexum	beugen; lenken; umstimmen	viam flectere – abbiegen animōs hominum flectere – „das Denken der Menschen umstimmen" → die Menschen umstimmen
	flēre, fleō, flēvī, flētum	weinen; beklagen	miseriam flēre – das Elend beklagen

Wiederhole für Lektion 34:
cavēre, nē ...: sich hüten, dass ... – **comprehendere,** comprehendō, comprehendī, comprehēnsum: begreifen, ergreifen, festnehmen – **cōnārī,** cōnor, cōnātus sum: versuchen – **excitāre:** antreiben; erregen; aufwecken – **ostendere,** ostendō, ostendī, ostentum: zeigen, erklären – **parcere,** parcō, pepercī, – *m. Dat.:* sparen; verschonen – **spērāre:** hoffen – **tendere,** tendō, tetendī, tentum: spannen, ausstrecken, sich anstrengen – **tollere,** tollō, sustulī, sublātum: hochheben, aufheben; beseitigen – **aedēs,** aedis *f.:* Tempel; *(Pl.)* Haus – **agmen,** agminis *n.:* Zug, Heereszug – **mōtus,** -ūs *m.:* Bewegung – **tēlum:** Waffe, Geschoss – **vīs:** Kraft, Gewalt – **celer,** -is, -e: schnell – **singulī,** -ae, -a: einzeln; je ein

	dēligere, dēligō, dēlēgī, dēlēctum	auswählen	ēligere, ēligō, ēlēgī, ēlēctum: auswählen dīligere, dīligō, dīlēxī, dīlēctum: schätzen, lieben
	plērumque *Adv.*	meistens, sehr oft	plērīque, plēraeque, plēraque: die meisten
3	**miscēre, misceō, miscuī, mixtum**	mischen	dolōrem gaudiō *(Abl.)* miscēre – Schmerz mit Freude mischen **D** mixen
	sīve **sīve … sīve …**	oder; oder wenn sei es … sei es …	parentēs **sīve** frātrēs – Eltern **oder** Geschwister **sīve** cāsu **sīve** cōnsiliō deōrum – **sei es** durch Zufall, **sei es** durch Beschluss der Götter **sīve** quid dīcis, **sīve** tacēs – **ob** du etwas sagst **oder** schweigst
	antīquus, -a, -um	alt	vetus, *Gen.:* veteris: alt **D** Antiquität
6	**moenia, moen-ium** *n. (nur Pl.)*	Stadtmauer	mūrus: Mauer mūnīre, mūniō, mūnīvī, mūnītum: schützen, befestigen
	accendere, accendō, accendī, accēnsum	anzünden	incendere, incendō, incendī, incēnsum: anzünden accēdere, accēdō, accessī, accessum: herangehen, hingehen
	prōdesse, prōsum, prōfuī, –	nützlich sein, nützen	nocēre: Unheil anrichten, schaden
9	**ventus**	Wind	ventus adversus – ungünstiger Wind (Gegenwind) ventus secundus – günstiger Wind (Rückenwind)
	crēber, crēbra, crēbrum *Adv.* **crēbrō**	zahlreich, häufig	Crēbrī nuntiī feruntur. – „Häufige Nachrichten werden gebracht." → Immer wieder werden Nachrichten gebracht. frequēns, *Gen.:* frequentis: zahlreich, häufig
	fīnitimus, -a, -um	benachbart; verwandt	fīnis, fīnis *m.:* Grenze, Ende; *Pl.:* Gebiet
12	**cōnstantia**	Beständigkeit, Konsequenz	cōnstāns, *Gen.:* cōnstantis: beständig cōnstat, cōnstitit *m. Aci:* es steht fest, dass
	adversus *m. Akk.*	gegen, gegenüber	adversārius: gegnerisch; *als Subst.:* Gegner
	nītī, nītor, nīsus sum	sich anstrengen; sich stützen	ad glōriam nītī – nach Ruhm streben Cōnsiliō meō *(Abl.)* nītitur. – Er stützt sich auf meinen Rat.
15	**caedēs, caed-is** *f.* *Gen. Pl.* **-ium**	Mord, Blutbad	

	proelium	Schlacht	proelium committere – eine Schlacht beginnen
	anceps *Gen.* **ancipit-is**	zweischneidig; unentschieden	sententia anceps – ein doppeldeutiger Spruch proelium anceps – ein unentschiedener Kampf
18	**cōpia**	Menge, Vorrat	copiae *(Pl.)* – Truppen
	contentiō, **contentiōn-is** *f.*	Anstrengung, Wettkampf	contendere, contendō, contendī, contentum: sich anstrengen; eilen; behaupten
	ūniversus, -a, -um	ganz, gesamt	ūniversī – alle zusammen
21	**cōnsuetūdō,** **cōnsuetūdin-is** *f.*	Gewohnheit	
	glōria	Ruhm, Ehre	honor, honōris *m.:* Ehre; Ehrenamt
	memor *m. Gen.* *Gen.* **memor-is**	in Erinnerung an	Memorēs **tuī** *(Gen.)* erant. – „Sie waren in Erinnerung **an dich.**" → Sie erinnerten sich **an dich.** commemorāre: in Erinnerung bringen; erwähnen memoria: Erinnerung; Gedächtnis
24	**addere, addō, addidī,** **additum**	hinzufügen	ad- (zu-, hinzu-) + dare (geben) **D** addieren
	prōcēdere, prōcēdō, **prōcessī, prōcessum**	vorwärtsgehen, vorrücken	prō- (vor-, voran-) + cēdere (gehen; nachgeben)
	ferrum	Eisen; Waffe	ferrō īgnīque – mit Feuer und Schwert
27	**repentīnus, -a, -um**	plötzlich, unvermutet	repetere, repetō, repetīvī, repetītum: zurückverlangen; wiederholen
	propinquus, -a, -um	nahe, benachbart; verwandt	fīnitimus, -a, -um: benachbart; verwandt
	incolumis, -is, -e	unbeschädigt, unverletzt	calamitās, calamitātis *f.:* Schaden, Unglück salvus, -a, -um: gesund, wohlbehalten
30	**retinēre, retineō,** **retinuī, retentum**	zurückhalten, festhalten	re- (zurück-) + tenēre (haben, festhalten) āmittere, āmittō, āmīsī, āmissum: verlieren, aufgeben
	dīripere, dīripiō, **dīripuī, dīreptum**	zerstören, plündern	rapere, rapiō, rapuī, raptum: rauben, reißen arripere, arripiō, arripuī, arreptum: ergreifen, packen ēripere, ēripiō, ēripuī, ēreptum: entreißen, herausreißen
	auferre, auferō, **abstulī, ablātum**	wegtragen, entfernen	ab- (weg-) + ferre (tragen; ertragen; berichten)

Wiederhole für Lektion 35:
afficere, afficiō, affēcī, affectum: „versehen mit" – **excipere,** excipiō, excēpī, exceptum: aufnehmen; eine Ausnahme machen – **incipere,** incipiō, coepī, inceptum: anfangen – **patēre:** offenstehen; sich erstrecken – **pellere,** pellō, pepulī, pulsum: stoßen, schlagen; vertreiben – **reliquum est, ut ...:** es bleibt übrig, dass ... – **coniūnx,** coniugis *m./f.:* Gatte, Gattin – **posterī,** posterōrum *m. (Pl.):* Nachkommen – **servitūs,** servitūtis *f.:* Sklaverei – **reliquus,** -a, -um: übrig – **tantum** *Adv.:* nur – **trīgintā:** dreißig – **mīlle,** *Pl.* mīlia: tausend

	initium	Anfang	ab initiō – von Anfang an inīre, ineō, iniī, initum: hineingehen; anfangen principium: Anfang, Ursprung
	aestās, aestāt-is *f.*	Sommer	**aet**ās, **aet**ātis *f.*: Lebensalter, Zeitalter
3	**classis, class-is** *f.* *Gen. Pl.* **-ium**	Flotte	
	interim *Adv.*	inzwischen	inter *m. Akk.*: zwischen, unter; während
	lēgātiō, lēgātiōn-is *f.*	Gesandtschaft	lēgātus: Unterfeldherr; Gesandter
6	**foedus, foeder-is** *n.*	Bündnis, Vertrag	*Genus beachten:* foedus aeter**num** *(n.)* – ein ewiges Bündnis foederibus iungere – durch Verträge verbinden
	super *m. Abl.* *m. Akk.*	oben auf, über oben, über	super centum hominēs – mehr als hundert Leute superāre: überragen, besiegen, übertreffen
	iuventūs, iuventūt-is *f.*	Jugend	iuvenis, -is, -e: jung; *als Subst.:* junger Mann
9	**senex, sen-is** *m.*	alter Mann; *als Adj.:* alt	adulēscēns, adulēscentis *m.* / iuvenis, iuvenis *m.*: junger Mann; jung
	quotiēns	wie oft; so oft	quot: wie viele **D** Quotient
	flūctus, -ūs *m.*	Flut, Strömung	
12	**ferē** *Adv.*	fast, ungefähr, meistens	nihil ferē – fast nichts prīmā ferē hōrā – ungefähr zur ersten Stunde ut ferē fit – wie es normalerweise geschieht ferre, ferō, tulī, lātum: tragen; ertragen; berichten fore: *Inf. Futur von* esse
	superbia	Stolz, Hochmut	superbus, -a, -um: stolz, hochmütig
	impellere, impellō, impulī, impulsum	antreiben, veranlassen	īrā *(Abl.)* impulsus – aus Zorn pellere, pellō, pepulī, pulsum: stoßen, schlagen; vertreiben
15	**vāstāre**	verwüsten	
	avāritia	Habgier, Geiz	
	explōrāre	erkunden	expl**ic**āre: erklären
18	**hūc** *Adv.*	hierher	Accēde hūc ad mē! – Komm hierher zu mir! hūc accēdit, ut ... – dazu kommt noch, dass ... hīc *Adv.*: hier hic, haec, hoc: dieser, diese, dieses

Erläuternde Relativsätze

Nach Ausdrücken des Vorhandenseins oder Fehlens kann ein **Relativsatz im Konjunktiv** stehen. Häufig kommen Verbindungen mit esse als Vollverb mit der Bedeutung „es gibt" vor:

- sunt, quī **negent** ...: „es gibt welche, die leugnen ..." → manche leugnen ...
- nēmō est, quī **dīcat** ...: „es gibt niemanden, der sagt ..." → niemand sagt ...
- nōn est, quī **putet** ...: „es gibt keinen, der glaubt ..." → keiner glaubt ...

Der Konjunktiv wird im Deutschen **nicht** wiedergegeben.

	dīversus, -a, -um	entgegengesetzt; verschieden	varius, -a, -um: verschieden, vielfältig; bunt
	vincīre, vinciō, vīnxī, vīnctum	fesseln	vincere, vincō, vīci, victum: siegen, besiegen vīvere, vīvō, vīxī, –: leben vinculum: Band, Fessel
21	**terrēre, terreō, terruī, territum**	(jmdn.) erschrecken	perterrēre: heftig erschrecken terror, terrōris *m.*: Schrecken
	argentum	Silber; Geld	
	tegere, tegō, tēxī, tēctum	bedecken; schützen	tēctum: Dach; Haus tangere, tangō, tetigī, tāctum: berühren
24	**equitātus, -ūs** *m.*	Reiterei	eques, equitis *m.*: Reiter, Ritter
	fundere, fundō, fūdī, fūsum	gießen; vertreiben	lacrimās fundere – Tränen vergießen
	vērum *Adv.*	aber	vērō *Adv.*: aber vērus, -a, -um: wahr, wirklich
27	**collis, coll-is** *m.* *Gen. Pl.* **-ium**	Hügel	
	campus	Feld; Ebene; freier Platz	D Camping
	circumvenīre, circumveniō, circumvēnī, circumventum	umringen, umzingeln	circum- (um … herum) + venīre (kommen)
30	**vertere, vertō, vertī, versum**	drehen, wenden	āvertere, āvertō, āvertī, āversum: abwenden, abwehren revertī, revertor, revertī, reversum: zurückkehren
	grandis, -is, -e	groß, bedeutend; alt	E grandmother: Großmutter
	ultrō *Adv.*	freiwillig; noch dazu	meā/tuā/suā sponte: freiwillig
33	**praeceps** *Gen.* **praecipit-is**	kopfüber, überstürzt; steil	Praecipitēs fūgērunt. – Sie flohen überstürzt. anceps, *Gen.*: ancipitis: zweischneidig; unentschieden caput, capitis *n.*: Kopf; Hauptstadt

Wiederhole für Lektion 36:
animadvertere, animadvertō, animadvertī, animadversum: bemerken – **cōnfirmāre:** stärken, bekräftigen, versichern – **damnāre:** verurteilen – **dubitāre:** zweifeln, zögern – **licet:** es ist erlaubt – **probāre:** prüfen; für gut befinden; beweisen – **prōvidēre,** prōvideō, prōvīdī, prōvīsum: verhersehen; sorgen für – **prōvidēre, nē …:** dafür sorgen, dass nicht … – **quaerere,** quaerō, quaesīvī, quaesītum: suchen; fragen – **quaerere ex** *m. Abl.*: jmdn. fragen – **reddere,** reddō, reddidī, redditum: zurückgeben; machen zu – **reperīre,** reperiō, repperī, repertum: finden, wiederfinden – **arcus,** arcūs *m.*: Bogen – **adversus** *Adv.*: gegen, gegenüber – **iussū** *Adv.*: auf Befehl – **nūper** *Adv.*: neulich, vor kurzem

Sachfeld „Kampf und Krieg“

Auf dieser Zeichnung sind viele Begriffe des Sachfeldes „Kampf und Krieg“ dargestellt.
Ordne die Zahlen in der Zeichnung den passenden lateinischen Begriffen zu (☐ Verben, ◯ Substantive).

______ accendere – ______ aggredī – ______ circumvenīre – ______ expellere – ______ fugere –

______ superāre – ______ vāstāre – ______ vincere – ______ vulnerāre

______ aciēs / copiae / exercitus / legiō / vīrēs – ______ agmen – ______ dūx – ______ fuga –

______ gladius – ______ imperātor – ______ moenia – ______ mortuus – ______ praeda –

______ sīgnum – ______ tēlum – ______ victor – ______ vulnus

	merēre, mereō, meruī, meritum *oder* **mērerī, mereor, meritus sum**	verdienen, erwerben	bene merērī dē rē pūblicā – sich um den Staat verdient machen, viel für den Staat tun
	māgnitūdō, māgnitūdin-is *f.*	Größe	māgnus, -a, -um: groß, mächtig, bedeutend
3	**precēs, prec-um** *f.* *(nur Pl.)*	Bitten; Gebet	precārī, precor, precātus sum: beten, bitten; wünschen
	minuere, minuō, minuī, minūtum	*vermindern, verringern*	Stammperfekt
	praesertim *Adv.*	besonders	praesēns, *Gen.:* praesentis: anwesend praetereā *Adv.:* außerdem
6	**vehere, vehō, vēxī, vectum**	führen, fahren	currū vehimur – wir fahren im Wagen equō vehitur – sie reitet vīvere, vīvō, vīxī, –: leben
	status, -ūs *m.*	Stand, Zustand	stāre, stō, stetī, –: stehen
	potissimum *Adv.*	vor allem	potius *Adv.:* eher, lieber
9	**quīn etiam**	ja sogar	etiam: auch; sogar
	cōnsīderāre	nachdenken, betrachten	cōgitāre: denken, nachdenken, beabsichtigen cōnsīdere, cōnsīdō, cōnsēdī, cōnsessum: sich hinsetzen
	sevērus, -a, -um	ernst, streng	gravis, -is, -e: schwer, ernst
12	**dōnec** *Subj.*	bis	
	quemadmodum	wie	*auch getrennt:* quem ad modum modus: Art und Weise; Maß quōmodo: wie, auf welche Weise
	remittere, remittō, remīsī, remissum	zurückschicken; loslassen	re- (zurück-) + mittere (schicken; loslassen; werfen) poenam remittere – die Strafe erlassen
15	**pudet mē**	ich schäme mich	Pudet mē furōris *(Gen.)*. – Ich schäme mich über meinen Wutausbruch. Sunt hominēs, quōs libīdinis suae nōn pudet. – Es gibt Menschen, die sich für ihre Genusssucht nicht schämen.
	dēcrētum	Entscheidung, Beschluss	dēcernere, dēcernō, dēcrēvī, dēcrētum: entscheiden, beschließen
	attingere, attingō, attigī, attāctum	berühren; erwähnen	tangere, tangō, tetigī, tāctum: berühren
18	**impetrāre**	durchsetzen	implōrāre: anflehen, erflehen
	potestās, potestāt-is *f.*	Macht; Möglichkeit	potēns, *Gen.:* potentis: mächtig, stark potentia: Macht facultās, facultātis *f.:* Möglichkeit; Fähigkeit

	vīsere, vīsō, vīsī, vīsum	ansehen, besuchen	vidēre, videō, vīdī, vīsum: sehen D Visite: Arztbesuch
21	**monumentum**	Denkmal, Bauwerk	monēre: erinnern, ermahnen, warnen
	septem *(unveränderlich)*	sieben	
	octō *(unveränderlich)*	acht	D Oktopus: achtarmiger Krake
24	**passus, -ūs** *m.*	Schritt; als Längenmaß: 1,50 m	mīlle passūs – 1000 Schritt = 1 Meile (= ca. 1,5 km) duō mīlia passuum – 2 Meilen
	perdūcere, perdūcō, perdūxī, perductum	hinführen, leiten	dūcere, dūcō, dūxī, ductum: führen; glauben, halten für
	cōnsūmere, cōnsūmō, cōnsūmpsī, cōnsūmptum	verbrauchen	sūmere, sūmō, sūmpsī, sūmptum: nehmen, zu sich nehmen D konsumieren
27	**intermittere, intermittō, intermīsī, intermissum**	unterbrechen	inter- (zwischen-) + mittere (schicken, loslassen; werfen) trībus diēbus intermissīs – nach Ablauf von drei Tagen
	omittere, omittō, omīsī, omissum	aufgeben; unerwähnt lassen	āmittere, āmittō, āmīsī, āmissum: verlieren, aufgeben
	fōns, font-is *m.* *Gen. Pl.* **-ium**	Quelle	D Fontäne
30	**pūrus, -a, -um**	rein, klar	
	temptāre	versuchen; angreifen	cōnārī, cōnor, cōnātus sum: versuchen
	ērigere, ērigō, ērēxī, ērēctum	aufrichten, errichten	
33	**lapis, lapid-is** *m.*	Stein	
	superus, -a, -um *Komp.* **superior** *Superl.* **suprēmus**	oben befindlich der obere, der frühere der oberste, der früheste	superī – die Götter im Himmel super *m. Abl.*: oben auf, über; *m. Akk.*: nach oben, über
	dētrahere, dētrahō, dētrāxī, dētractum	wegnehmen, abziehen	dē- (herab- weg-) + trahere (ziehen, schleppen)
36	**superesse, supersum, superfuī, –**	überleben; übrig sein	superāre: überragen, besiegen, übertreffen
	saeculum	Zeitalter; Jahrhundert	
	dignus, -a, -um	würdig, angemessen	Māiōribus suīs *(Abl.)* dignus est. – Er ist seiner Vorfahren würdig. memoriā *(Abl.)* dignus – erinnernswert

Wiederhole für Lektion 37:
appellāre: ansprechen; nennen – **ostendere,** ostendō, ostendī, ostentum: zeigen, erklären – **gēns,** gentis *f.*: Stamm, Geschlecht, Familie – **genus,** generis *n.*: Abstammung, Geschlecht, Art – **iūs,** iūris *n.*: Recht – **praeceptum:** Vorschrift – **studium:** Eifer, Beschäftigung – **voluntās,** voluntātis *f.*: Wille, Absicht – **cīvīlis,** -is, -e: bürgerlich, öffentlich – **commūnis,** -is, -e: gemeinsam, allgemein, üblich – **trēs,** trēs, tria; *Abl.* trībus: drei – **rēctē** *Adv.*: richtig; geradeaus; zu Recht – **vel:** oder – **vel ... vel ...:** entweder ... oder ...

armāre	bewaffnen	armātus, -a, -um: bewaffnet, ausgerüstet arma, armōrum *n. (nur Pl.):* Waffen
quisquis, quidquid	jeder, der; wer auch immer	quōquō modō – auf jede Art und Weise quicquid accidit – alles, was geschieht quisquis nostrum/vestrum – wer auch immer von uns/euch
3 **ērudīre, ērudiō, ērudīvī, ērudītum**	unterrichten	ērudītus, -a, -um – gebildet docēre, doceō, docuī, doctum: lehren, unterrichten
intendere, intendō, intendī, intentum	spannen; richten; beabsichtigen	animum intendere *m. Dat.* – seine Aufmerksamkeit auf etw. richten tendere, tendō, tetendī, tentum: spannen, austrecken, sich anstrengen contendere, contendō, contendī, contentum: sich anstrengen; eilen; behaupten
quisque, quidque *als Adj.:* **quisque, quaeque, quodque** *Gen.* **cuiusque**	jeder	optimus quisque – gerade die Besten, die Allerbesten, alle Guten tertiō quoque annō – „jedes dritte Jahr" → alle zwei Jahre quoque: auch
6 **māgnificus, -a, -um**	großartig	māgnus, -a, -um: groß, bedeutend, mächtig
sānus, -a, -um	gesund; vernünftig	salvus, -a, -um: gesund, wohlbehalten incolumis, -is, -e: unbeschädigt, unverletzt D Sanatorium: Heilstätte, Genesungsheim
temperāre *m. Dat.* *m. Akk.*	maßvoll gebrauchen, zurückhalten ordnen, lenken	sibi temperāre – sich mäßigen, sich beherrschen ab iniūriā temperāre – keine Gewalt anwenden temptāre: versuchen; angreifen

Plural-Wörter und besondere Bedeutungen im Plural

arma, armōrum *n.:* Waffen – **castra**, castrōrum *n.:* Lager – **comitia**, comitiōrum *n.:* Volksversammlung – **dīvitiae**, dīvitiārum *f.:* Reichtum – **īnsidiae**, īnsidiārum *f.:* Hinterhalt, Falle, Anschlag – **māiōrēs**, māiōrum *m.:* Vorfahren – **moenia**, moenium *n.:* Stadtmauer – **parentēs**, parentum *m.:* Eltern – **precēs**, precum *f.:* Bitten; Gebet

aedēs, aedium *f.:* Haus (aedis: Tempel) – **fortūnae**, fortūnārum *f.:* Besitz, Vermögen (fortūna: Schicksal, Glück) – **impedimenta**, impedimentōrum *n.:* Gepäck (impedimentum: Hindernis) – **litterae**, litterārum *f.:* Brief; Wissenschaften; Schriften (littera: Buchstabe) – **loca**, locōrum *n.:* Orte; Gegend (locus: Ort, Platz)

rēs adversae, rerum adversārum *f.:* Unglück – **rēs futūrae**, rērum futūrārum *f.:* Zukunft – **rēs gestae**, rērum gestārum *f.:* Taten; Geschichte

Zeit und Zeitangaben

aetās, aetātis *f.:* Lebensalter, Zeitalter – **annus:** Jahr – **diēs**, diēī *m.:* Tag – **hōra:** Stunde, Zeit – **saeculum:** Zeitalter; Jahrhundert – **tempus**, temporis *n.:* Zeit

deinde *Adv.:* dann, darauf – **hodiē** *Adv.:* heute – **māne** *Adv.:* früh, frühmorgens – **nunc** *Adv.:* nun, jetzt – **ōlim** *Adv.:* einst – **posteā** *Adv.:* danach, später – **prīmā hōrā** *(Abl.):* zur ersten Stunde – **statim** *Adv.:* sofort – **tum** *Adv.:* da, dann, damals

annō exeunte *(Abl. abs.):* am Ende des Jahres – **temporibus Rōmānōrum** *(Abl.):* zur Zeit der Römer

9 **perpetuus, -a, -um** *Adv.* **perpetuō**	ununterbrochen, beständig, ewig	cōnstāns, *Gen.:* cōnstantis: beständig
tribuere, tribuō, tribuī, tribūtum	zuteilen	
-ve	oder	*Stellung beachten:* ūnus alter**ve** – der eine **oder** andere n**ēve** – und nicht, oder nicht aut: oder vel: oder
12 **condiciō, condiciōn-is** *f.*	Bedingung; Lage; Vereinbarung	eā condiciōne, ut ... – unter der Bedingung, dass ... **D Konditional**satz: **Bedingung**ssatz
pertinēre, pertineō, pertinuī, –	sich erstrecken, sich beziehen	Quō pertinet? – Was hat es für einen Zweck?
quīcumque, quaecumque, quodcumque	wer auch immer; jeder, der	
15 **proprius, -a, -um**	eigen, eigentümlich	propriī librī – die eigenen Bücher Rīdēre hominum *(Gen.)* proprium est. – Lachen ist für Menschen typisch. aliēnus, -a, -um: fremd
flōrēre, flōreō, flōruī, –	blühen	auctōritāte flōrēre – viel Einfluss haben flōs, flōris *m.:* Blume **D** florieren: sich günstig entwickeln
partim *(unveränderlich)*	zum Teil	partim ... partim – teils ... teils pars, partis *f.:* Teil; Seite; Richtung
18 **coniungere, coniungō, coniūnxī, coniūnctum**	verbinden, vereinigen	con- (zusammen-) + iungere (verbinden, anschließen) coniūnx, coniugis *m./f.:* Ehemann, Ehefrau **D** Konjunktion (**Binde**wort)
societās, societāt-is *f.*	Gemeinschaft; Bündnis	socius: Gefährte; Verbündeter **E** society: Gesellschaft, Gemeinschaft
contrārius, -a, -um	gegenüber liegend; entgegengesetzt	ē contrāriō – im Gegenteil, dagegen contra *Adv.:* dagegen, gegenüber adversus, -a, -um: entgegenstehend, feindlich
21 **rārus, -a, -um** *Adv.* **rārō**	selten	frequēns, *Gen.:* frequentis: zahlreich, häufig crēber, crēbra, crēbrum: zahlreich, häufig

Wiederhole für Lektion 38:
cōgnōscere, cōgnōscō, cōgnōvī, cōgnitum: kennen lernen, erkennen, erfahren – **colere**, colō, coluī, cultum: pflegen, verehren – **collocāre:** aufstellen, an einen Ort bringen – **dolēre:** traurig sein, Schmerz empfinden, bedauern – **ēligere**, ēligō, ēlēgī, ēlēctum: auswählen – **neglegere**, neglegō, neglēxī, neglēctum: nicht beachten, vernachlässigen – **persuādēre**, persuādeō, persuāsī, persuāsum: überreden; überzeugen – **sapientia:** Weisheit, Klugheit, Verstand – **sermō**, sermōnis *m.:* Gespräch – **vitium:** Fehler – **brevis**, -is, -e: kurz – **idōneus**, -a, -um: geeignet – **patrius**, -a, -um: väterlich – **varius**, -a, -um: verschieden, vielfältig; bunt – **aequē ac:** ebenso wie – **certē** *Adv.:* sicherlich – **haud:** nicht – **quam** *mit Superlativ:* möglichst – **secundum** *als Präposition m. Akk.:* nach; entlang; gemäß

	rēgius, -a, -um	königlich; des Königs	domus rēgia – (Königs-)Palast rēx, rēgis *m.*: König
	cor, cord-is *n.* *Gen. Pl.* **-ium**	Herz	mihi cordī *(Dat. finalis)* est – mir liegt am Herzen, mir ist wichtig concordia: Eintracht, Harmonie
3	**ērudītiō, ērudītiōn-is** *f.*	Bildung	ērudīre, ērudiō, ērudīvī, ērudītum: unterrichten
	fidēlis, -is, -e	*treu, zuverlässig;* gläubig	
	quod Subj.	*weil;* dass	Bene facis, quod mē adiuvis! – Gut, dass du mir hilfst!
6	**religiō, religiōn-is** *f.*	Religion; Gottesverehrung	
	dispōnere, dispōnō, dispōsuī, dispōsitum	einrichten, ordnen	pōnere, pōnō, pōsuī, pōsitum: setzen, stellen, legen compōnere, compōnō, compōsuī, compōsitum: zusammenstellen; ordnen
	adiungere, adiungō, adiūnxī, adiūnctum	anfügen	hostī *(Dat.)* sē adiungere – sich dem Feind anschließen iungere, iungō, iūnxi, iūnctum: verbinden, anschließen coniungere, coniungō, coniūnxī, coniūnctum: verbinden, vereinigen
9	**dēferre, dēferō, dētulī, dēlātum**	übertragen, mitteilen	ferre, ferō, tulī, lātum: tragen; ertragen; berichten differre, differō, distulī, dīlātum: aufschieben; sich unterscheiden
	sēnsus, -ūs *m.*	Gefühl, Sinn	Quot capita, tot sēnsūs. – Wieviele Menschen (eigtl. „Köpfe"), soviele Meinungen. sentīre, sentiō, sēnsī, sēnsum: fühlen, wahrnehmen, meinen
	rectus, -a, -um	richtig, gerade	rēctē *Adv.*: richtig; geradezu; zu Recht
12	**īgnārus, -a, -um**	unwissend; unbekannt	regiō īgnāra – eine unbekannte Gegend īgnōrāre: nicht kennen; nicht wissen
	quoniam *Subj.*	weil, da ja	quod: weil quia: weil cum *m. Konj.*: weil
	forte *Adv.*	zufällig; vielleicht	fortāsse *Adv.*: vielleicht fortis, -is, -e; *Adv.* fortiter: stark, tapfer
15	**abundāre** *m. Abl.*	reichlich vorhanden sein; im Überfluss haben	Flūmen aquā *(Abl.)* abundat. – Der Fluss führt genug Wasser. Cōpiīs *(Abl.)* abundat. – Er hat viele Vorräte. unda: Welle; Gewässer
	contentus, -a, -um	zufrieden	sorte *(Abl.)* contentus – mit seinem Schicksal zufrieden
	aliquandō *Adv.*	irgendwann, einmal	quandō?: wann? ōlim *Adv.*: einst
18	**meritum**	Verdienst, Wohltat	meritō *Adv.* – zu Recht; mit gutem Grund merēre, mereō, meruī, meritum *oder* merērī, mereor, meritus sum: verdienen, erwerben

praemium	Belohnung	D Prämie
exiguus, -a, -um	wenig, klein, knapp	parvus, -a, -um: klein
21 *reddere, reddō, reddidī, redditum*	*zurückgeben; machen zu*	
cottīdiē *Adv.*	täglich	diēs, diēī *m.:* Tag hodiē *Adv.:* heute
vacuus, -a, -um	leer, frei	metū *(Abl.)* vacuus – frei von Furcht plēnus, -a, -um *m. Gen.:* voll vacāre *m. Abl.:* frei sein von D Vakuum: luftleerer Raum
24 **cōnsuēscere, cōnsuēscō, cōnsuēvī, cōnsuētum**	sich gewöhnen	Rēgnāre cōnsuēvī – „Ich **habe mich** daran **gewöhnt** zu herrschen." → Ich **bin gewohnt** zu herrschen. cōnsuetūdō, cōnsuetūdinis *f.:* Gewohnheit
parum *Adv.*	zu wenig	nimis/nimium *Adv.:* zu sehr; überaus
succēdere, succēdō, successī, successum	nachfolgen; gelingen	cēdere, cēdō, cessī, cessum: gehen; nachgeben cōnsequī, cōnsequor, cōnsecūtus sum: erreichen, nachfolgen
27 **cārus, -a, -um**	lieb, teuer	
prō m. Abl.	*vor, für, anstatt;* im Verhältnis zu	prō sē quisque – jeder nach seinen Kräften
intrā *m. Akk.*	innerhalb	intrā mūrōs – innerhalb der Mauern intrā lēgem – im Rahmen des Gesetzes
30 **dubius, -a, -um**	zweifelhaft	dubium nōn est, quīn ... *mit Konjunktiv* – es besteht kein Zweifel, dass ... D dubios: zweifelhaft, fragwürdig
admittere, admittō, admīsī, admissum	zulassen	mittere, mittō, mīsī, missum: schicken; loslassen; werfen permittere: erlauben, überlassen
simul *Adv.*	zugleich	D simultan: gleichzeitig
33 **possidēre, possideō, possēdī, possessum**	besitzen	D **Possessiv**pronomen: **besitz**anzeigendes Fürwort
dēsīderium	Wunsch	cupīdō, cupīdinis *f.:* Begierde dēsīderāre: vermissen; sich sehnen nach
dīligēns *Gen.* **dīligent-is**	sorgfältig, gewissenhaft	dīligēns officiī *(Gen.)* – pflichtbewusst dīligentia: Sorgfalt
36 **spatium**	Zeitraum, Zwischenraum	E space: Raum, Weltraum

Wiederhole für Lektion 39:
crēscere, crēscō, crēvī, crētum: wachsen – **emere**, emō, ēmī, emptum: kaufen – **fruī**, fruor, fruitus sum *m. Abl.:* genießen – **sē gerere:** sich benehmen – **hortārī**, hortor, hortātus sum: ermahnen, auffordern – **peccāre:** einen Fehler machen – **rumpere**, rumpō, rūpī, ruptum: zerbrechen, zerreißen – **solvere**, solvō, solvī, solūtum: lösen, zahlen – **vendere**, vendō, vendidī, venditum: verkaufen – **verērī**, vereor, veritus sum: fürchten, sich scheuen; achten – **colloquium:** Gespräch, Unterredung – **mulier**, mulieris *f.:* Frau – **apertus**, -a, -um: offen, offenkundig – **similis**, is, -e *m. Gen./Dat.:* ähnlich – **item** *Adv.:* ebenso – **prīmō** *Adv.:* zuerst

	cultus, -ūs *m.*	Pflege, Verehrung; Bildung, Lebensweise	colere, colō, coluī, cultum: pflegen, verehren **D** Kultur
	contrōversia	Streit	concordia: Eintracht, Harmonie
3	**inānis, -is, -e**	leer; grundlos, nutzlos	spēs inānis – unbegründete Hoffnung
	vītāre	meiden, vermeiden	petere: (auf-)suchen; angreifen; bitten, verlangen fugere, fugiō, fūgī, –: fliehen, flüchten vīta: Leben
	integer, integra, integrum	unverletzt; vollständig; unbescholten	incolumis, -is, -e: unbeschädigt, unverletzt salvus, -a, -um: gesund, wohlbehalten sānus, -a, -um: gesund; vernünftig
6	**laus, laud-is** *f.*	Lob, Ruhm	laudāre: loben glōria: Ruhm, Ehre
	fāma	Gerücht; Ruf	fāma bona – guter Ruf fāma est – man erzählt **E** fame: Ruhm
	vesper, vesper-is/ vesperī *m.*	Abend	vesperī/vespere – abends
9	**ōtium**	freie Zeit; Ruhe; Frieden	negōtium: Beschäftigung; Aufgabe
	bibere, bibō, bibī, –	trinken	
	trādūcere, trādūcō, trādūxī, trāductum	hinüberführen	trā(ns)- (hinüber-) + dūcere (führen) tempus trādūcere – Zeit verbringen
12	**silentium**	Schweigen, Stille	silentium tenēre – still sein, schweigen **E** silence
	seu (≈ sīve)	*oder; oder wenn*	
	offendere, offendō, offendī, offēnsum	verletzen, beleidigen	Animum meum offendis. – Du beleidigst mich. laedere: verletzen, beleidigen violāre: verletzen
15	**contemnere, contemnō, contempsī, contemptum**	nicht beachten, geringschätzen	mortem contemnere – den Tod für unbedeutend halten neglegere, neglegō, neglēxī, neglēctum: nicht beachten, vernachlässigen
	subīre, subeō, subiī, subitum	herangehen; auf sich nehmen	poenam subīre – bestraft werden suscipere, suscipiō, suscēpī, susceptum: übernehmen, unternehmen
	vetāre, vetō, vetuī, vetitum	verbieten	**D** Veto: Einspruchsrecht
18	**imprīmīs** *Adv.*	besonders, vor allem	praesertim *Adv.*: besonders
	vīnum	Wein	**E** wine
	quartus, -a, -um	der vierte	**D** Quartal: Vierteljahr
21	**totiēns** *(unveränderlich)*	so oft	tot: so viele *vgl.* quot: wie viele – quotiēns: wie oft; so oft tōtus, -a, um: ganz, gesamt
	exigere, exigō, exēgī, exāctum	hinaustreiben; vollenden; fordern	ex- (aus-, heraus-) + agere (tun, treiben, handeln) rēgibus exāctīs – nach Vertreibung der Könige Aestās exācta erat. – Der Sommer war zu Ende. noctem exigere – die Nacht verbringen

	excēdere, excēdō, excessī, excessum	hinausgehen, weggehen	ex- (aus-, heraus-) + cēdere (gehen; nachgeben) accēdere, accēdō, accessī, accessum: herangehen, hingehen
24	**decus, decor-is** *n.*	Ehre, Würde, Schmuck	**D** dekorieren
	aestimāre	einschätzen, beurteilen	māgnī *(Gen.)* aestimāre – hoch schätzen
	abstinēre, abstineō, abstinuī, abstentum	fern halten; „sich enthalten"	cibō *(Abl.)* abstinēre – „sich des Essens enthalten" → fasten
27	**indūcere, indūcō, indūxī, inductum**	hineinführen; verleiten	in- (hinein-) + ducere (führen; glauben, halten für) furōre inductus – „von Wut verleitet" → aus Wut perdūcere, perdūcō, perdūxī, perductum: hinführen, leiten
	cēterum *Adv.*	übrigens, im Übrigen	cēterī, -ae, -a: die übrigen
	obscūrus, -a, -um	dunkel; unklar	
30	**vulgus, vulgī** *n.*	Volk, die große Masse	*Genus und Deklination beachten:* vulg**us** incert**um** – die unzuverlässige Volksmasse vulgō *Adv.* – normalerweise turba: Lärm, Gewimmel, Menschenmenge vultus, -ūs *m.*: Gesicht, Gesichtsausdruck
	reus	Angeklagter	reus fierī – „zum Angeklagten gemacht werden" → angeklagt werden rēs, reī *f.*: Sache, Ding, Besitz
	impedīre, impediō, impedīvī, impedītum	hindern, verhindern	Tē impediō, nē abeās. – Ich hindere dich daran, wegzugehen. impedīmentum: Hindernis prohibēre: abhalten, hindern
33	**lūx, lūc-is** *f.*	Licht	ante lūcem – vor Tagesanbruch Fiat lūx! – Es werde Licht! lūmen, lūminis *n.*: Licht
	tenebrae, -ārum *f.* *(nur Pl.)*	Nacht, Finsternis	nox, noctis *f.*: Nacht
	īgnōscere, īgnōscō, īgnōvī, īgnōtum	verzeihen	Mihi īgnōscit. – Sie verzeiht mir. aegrē ferre: ärgerlich sein īgnōrāre: nicht wissen, nicht kennen

Wiederhole für Lektion 40:
āctum est, ut ...: es geschah, dass ... – **concēdere**, concēdō, concessī, concessum: nachgeben, zugestehen – **dēcipere**, dēcipiō, dēcēpī, dēceptum: betrügen – **dīligere**, dīligō, dīlēxī, dīlēctum: schätzen, lieben – **fallere**, fallō, fefellī, –: betrügen, enttäuschen – **fatērī**, fateor, fassus sum: bekennen, eingestehen – **nōlle**, nōlō, nōluī, –: nicht wollen – **patēre:** offen stehen; sich erstrecken – **retinēre:** zurückhalten, festhalten – **aetās**, aetātis *f.*: Lebensalter, Zeitalter – **aetāte prōgressus**, -a: in fortgeschrittenem Alter – **audācia:** Mut; Frechheit – **libīdō**, libīdinis *f.*: Begierde, Genusssucht – **pudor**, pudōris *m.*: Scham; Anstand – **īnsignis**, -is, -e: ausgezeichnet – **turpis**, -is, -e: hässlich, schändlich – **adhūc** *Adv.*: noch, bis jetzt – **ideō** *Adv.*: daher – **immō** *Adv.*: im Gegenteil; sogar – **prope** *Adv.*: in der Nähe; beinahe

	simulāre	darstellen, vortäuschen	**D** Simulation
	propter *m. Akk.*	wegen	ob *m. Akk.*: wegen … causā *m. Gen.*: wegen
3	**adulēscentia**	Jugend	iuventūs, iuventūtis *f.*: Jugend adulēscēns, adulēscentis *m.*: jung; *als Subst.*: junger Mann
	requīrere, requīrō, requīsīvī, requīsītum	erforschen; aufsuchen; verlangen	quaerere, quaerō, quaesīvī, quaesītum: suchen; fragen
	tener, tenera, tenerum	zart, jugendlich	tenēre: haben, festhalten
6	**ergā** *m. Akk.*	in Hinsicht auf; gegenüber	
	affectus, -ūs *m.*	Stimmung; Leidenschaft	
	dēserere, dēserō, dēseruī, dēsertum	verlassen; im Stich lassen	dēesse, dēsum, dēfuī, –: fehlen **E** desert: Wüste, verlassene Gegend
9	**trānsīre, trānseō, trānsiī, trānsitum**	hinübergehen; vorbeigehen	trāns- (hinüber-) + īre (gehen)
	illīc *Adv.*	dort	ibi *Adv.*: dort hīc *Adv.*: hier
	exīstimāre	meinen, glauben, halten für	Eum amīcum exīstimāvī. – Ich hielt ihn für einen Freund. putāre: glauben, meinen; halten für dūcere, dūcō, dūxī, ductum: führen; glauben, halten für
12	**dulcis, -is, -e**	süß, angenehm	acerbus, -a, -um: scharf, bitter
	scientia	Wissen, Wissenschaft	scīre, sciō, scīvī, scītum: wissen **E** science: (Natur-)Wissenschaft
	nancīscī, nancīscor, nāctus sum	bekommen; antreffen	nāscī, nāscor, nātus sum: geboren werden, entstehen cōnsequī, cōnsequor, cōnsecūtus sum: erreichen, nachfolgen
15	**trānsferre, trānsferō, trānstulī, trānslātum**	hinüberbringen; übertragen	trāns- (hinüber-) + ferre (tragen; ertragen; berichten) **E** translation **D** Transfer: Weitertransport
	singulāris, -is, -e	einzeln; einzigartig	singulī, -ae, -a: einzeln, je ein **D** Singular: Einzahl
	gravitās, gravitāt-is *f.*	Gewicht; Ernst, Würde	gravis, -is, -e: schwer, ernst dignitās, dignitātis *f.*: Würde, Ansehen
18	**sānē** *Adv.*	in der Tat, durchaus	sānē bene – ganz toll profectō *Adv.*: in der Tat, sicherlich
	caelestis, -is, -e	himmlisch	caelestēs, -ium *(Pl.)* – die „Himmlischen" → die Götter caelum: Himmel

	praetermittere, praetermittō, praetermīsī, praetermissum	vorbeigehen lassen; übergehen	praeter- (vorbei-) + mittere (schicken; loslassen; werfen) vitia praetermittere – Fehler ungestraft lassen praeterīre, praetereō, praeteriī, praeteritum: vorbeigehen, übergehen
21	**obtinēre, obtineō, obtinuī, obtentum**	im Besitz haben; festhalten	prīncipem locum obtinēre – „den ersten Platz einnehmen" → der/die Vornehmste sein tenēre: haben, festhalten
	fraus, fraud-is *f.*	Betrug	fraude *(Abl.)* – in betrügerischer Art und Weise
	modicus, -a, -um	mäßig, bescheiden	modus: Art und Weise; Maß
24	**vēritās, vēritāt-is** *f.*	Wahrheit	vērus, -a, -um: wahr, wirklich
	continēre, contineō, continuī, contentum	festhalten, umfassen, enthalten	sē continēre –: sich beherrschen tenēre: haben, festhalten D Kontinent: Festland
	dēficere, dēficiō, dēfēcī, dēfectum	fehlen, schwinden	sōl dēficiēns – Sonnenfinsternis Mē dēficiunt vīrēs. – Mir schwinden die Kräfte. ā populō Rōmānō dēficere – dem römischen Volk untreu werden D Defekt
27	**repēns** *Gen.* **repent-is** *Adv.* **repente**	plötzlich	repentīnus, -a, -um: plötzlich, unvermutet
	gradus, -ūs *m.*	Schritt, Stufe	gradum sustinēre – „den Schritt anhalten" → stehen bleiben D Grad
	gignere, gignō, genuī, genitum	hervorbringen; zeugen, gebären	parere, pariō, peperī, partum: hervorbringen; erwerben
30	**fugāre**	verjagen, in die Flucht schlagen	fugere, fugiō, fūgī, –: fliehen, flüchten
	ēgredī, ēgredior, ēgressus sum	hinausgehen	ingredī, ingredior, ingressus sum: hineingehen, betreten exīre, exeō, exiī, exitum: herausgehen, weggehen
	sacerdōs, sacerdōt-is *m./f.*	Priester, Priesterin	sacer, sacra, sacrum: heilig, verflucht sacrificium: Opfer
33	**ōdisse, ōdī, –**	hassen	Tē ōdī. – Ich hasse dich. odium: Hass amāre: lieben
	plēbs, plēb-is *f.*	Volk, Menge	vulgus, vulgī *n.*: Volk, die große Masse
	dēcēdere, dēcēdō, dēcessī, dēcessum	weggehen, ausweichen	dē vītā dēcēdere: sterben cēdere, cēdō, cessī, cessum: gehen, nachgeben accēdere, accēdō, accessī, accessum: herangehen, hingehen

Deponentien und Semideponentien

adipīscī, adipīscor, adeptus sum	erlangen
arbitrārī, arbitror, arbitrātus sum	glauben, meinen, halten für
aggredī, aggredior, aggressus sum	angreifen; herangehen
ēgredī, ēgredior, ēgressus sum	hinausgehen
ingredī, ingredior, ingressus sum	hineingehen, betreten
prōgredī, prōgredior, prōgressus sum	vorrücken, weitergehen
cōnārī, cōnor, cōnātus sum	versuchen
fatērī, fateor, fassus sum	bekennen, eingestehen
fruī, fruor, fruitus sum *m. Abl.*	genießen
fungī, fungor, fūnctus sum *m. Abl.*	ausüben
hortārī, hortor, hortātus sum	ermahnen, auffordern
imitārī, imitor, imitātus sum	nachahmen
lābī, lābor, lāpsus sum	gleiten; fallen
loquī, loquor, locūtus sum	sprechen, sagen
mentīrī, mentior, mentītus sum	lügen
mīrārī, mīror, mīrātus sum	sich wundern; bewundern
morārī, moror, morātus sum	sich aufhalten; zögern
morī, morior, mortuus sum	sterben
nancīscī, nancīscor, nāctus sum	bekommen; antreffen
nāscī, nāscor, nātus sum	geboren werden; entstehen
nītī, nītor, nīsus sum	sich anstrengen; sich stützen
oblīvīscī, oblīvīscor, oblītus sum *m. Gen.*	vergessen
orīrī, orior, ortus sum	sich erheben, entstehen
patī, patior, passus sum	leiden, ertragen, zulassen
pollicērī, polliceor, pollicitus sum	versprechen
potīrī, potior, potītus sum *m. Gen./Abl.*	erlangen
precārī, precor, precātus sum	beten, bitten; wünschen
proficīscī, proficīscor, profectus sum	aufbrechen; reisen, marschieren
querī, queror, questus sum	klagen, sich beschweren
rērī, reor, ratus sum	meinen
sequī, sequor, secūtus sum	folgen
assequī, assequor, assecūtus sum	erreichen
cōnsequī, cōnsequor, cōnsecūtus sum	erreichen, nachfolgen
suspicārī, suspicor, suspicātus sum	vermuten, einen Verdacht haben
tuērī, tueor, tutātus sum	anschauen; beschützen
ulcīscī, ulcīscor, ultus sum	rächen, strafen
ūtī, ūtor, ūsus sum *m. Abl.*	benutzen, gebrauchen
versārī, versor, versātus sum	sich aufhalten; sich mit etw. beschäftigen
vidērī, videor, vīsus sum	scheinen

audēre, audeō, ausus sum	wagen
cōnfīdere, cōnfīdō, cōnfīsus sum	vertrauen
gaudēre, gaudeō, gāvīsus sum	sich freuen
solēre, soleō, solitus sum	gewohnt sein, gewöhnlich etw. tun
revertī, revertor, revertī, reversum	zurückkehren
fierī, fīō, factus sum	geschehen, gemacht werden